Walther Ziegler

Foucault
en 60 minutes

traduit par
Stéphane Vézina

Merci à Rudolf Aichner pour son infatigable travail de rédaction critique, à Silke Ruthenberg pour la finesse de son graphisme, à Angela Schumitz, Lydia Pointvogl, Eva Amberger, Christiane Hüttner, Dr. Martin Engler pour leur relecture attentive, et à Eleonore Presler, docteur en philosophie, qui a effectué une dernière relecture linguistique et scientifique du texte français. Je remercie aussi monsieur le Professeur Guntram Knapp à qui je dois ma passion pour la philosophie.

Je tiens à remercier tout particulièrement mon traducteur Stéphane Vézina.

Nous […] sommes […] dans la machine panoptique investis par ses effets de pouvoir que nous reconduisons nous-mêmes puisque nous en sommes un rouage.[1]

Informations bibliographiques de la Bibliothèque nationale de France :
Cette publication est référencée dans la bibliographie nationale de la Bibliothèque nationale de France.
Les informations bibliographiques détaillées sont disponibles sur internet : www.bnf.fr
© 2019 Dr. Walther Ziegler

Première édition septembre 2019
Conception graphique du contenu et de la couverture : Silke Ruthenberg avec des illustrations de:
Raphael Bräsecke, Creactive - Atelier de publicité, bande dessinée & d'illustrations (dessins)
© JackF - Fotolia.com (cadres)
© Valerie Potapova - Fotolia.com (cadres)
© Svetlana Gryankina - Fotolia.com (bulles entourant les citations)
Édition : BoD – Books on Demand, info@bod.fr
Impression : BoD – Books on Demand, In de Tarpen 42, Norderstedt (Allemagne)
Impression à la demande
ISBN : 978-2-3224-5687-1
Dépôt légal : août 2022

Table des matières

La grande découverte de Foucault   7

La pensée centrale de Foucault   23

   Archéologie du savoir : Comment nous sommes devenus qui nous sommes   23

   Folie et société – Exclusion de la déraison   32

   Surveiller et punir – Structure de notre société   44

   Dispositif de la sexualité   58

   L'ordre des choses et la disparition de l'homme   71

À quoi nous sert la découverte de Foucault aujourd'hui ?   85

   La prison panoptique de Foucault :   85
   Prototype de la surveillance numérique ?   85

   La main invisible derrière tout cela :   94
   Débusquer les dispositifs !   94

   Si nous sommes empêtrés dans les structures du discours, comment s'en dépêtrer ?   101

   L'héritage de Foucault : Faire de sa vie une œuvre d'art   109

Index des citations   125

La grande découverte de Foucault

Michel Foucault (1926-1984) est sans doute le philosophe le plus éblouissant du XXe siècle. On le considère comme l'un des plus illustres poststructuralistes, mais lui-même rejette tout qualificatif. En fait, sa pensée ne s'inscrit dans aucune tradition philosophique, affirme-t-il :

Je suis un expérimentateur et non pas un théoricien.[2]

À la différence d'autres philosophes, il ne dispose d'aucune théorie passe-partout applicable à tous les sujets :

> Je ne pense jamais tout à fait la même chose pour la raison que mes livres sont pour moi des expériences [...]. Je l'écris que parce que je ne sais pas encore exactement quoi penser de cette chose que je voudrais tant penser. [...] J'écris pour me changer moi-même [...].³

Foucault est en effet un penseur au style d'une rare singularité, comme en témoignent déjà les titres de ses ouvrages : *Histoire de la folie*, *Surveiller et punir*, *Les mots et les choses*, *L'usage des plaisirs* ou *Le souci de soi*. Nul autre philosophe n'a tant attisé le débat intellectuel des dernières décennies. Certes, il n'a pas fondé un courant ou une école de pensée ; en revanche, il est de ces philosophes dont le prestige ne s'est pas étiolé depuis sa disparition. Au contraire, plus le temps passe, plus son œuvre se révèle d'une actualité brûlante. On peut à la fois s'en réjouir et s'en inquiéter. S'en réjouir, parce que la thèse centrale de Foucault nous fascine encore par sa vitalité ;

s'en inquiéter, parce qu'elle couve quelque chose de troublant et d'alarmant :

[...] alors on peut bien parier que l'homme s'effacerait, comme à la limite de la mer un visage de sable.[4]

Foucault dessine un sombre scénario selon lequel l'homme est sur le point de disparaître, lentement et inexorablement. Dans les amphithéâtres pleins à craquer du Collège de France, l'université d'élite de Paris, le jeune professeur, alors âgé d'à peine quarante ans, annonce à ses étudiants consternés :

[...] la fin de l'homme.[5]

On pourrait penser à première vue que Foucault voit l'espèce humaine en péril, menacée qu'elle est par une guerre nucléaire ou les contrecoups du réchauffement climatique. Il n'en est rien – l'homme ne meurt pas avec fracas, mais dans le silence, en se décomposant imperceptiblement de l'intérieur. Ce n'est pas une mort physique, mais psychique. Foucault entend nous faire comprendre que l'homme tel que nous le connaissons – libre, autonome et jouissant spontanément de la vie – glisse lentement vers sa disparition. Il se dissout dans les discours et les structures de notre société coercitive – spectacle aussi peu spectaculaire que la disparition d'un visage dessiné dans le sable. À chaque vague, le contour se défait.

Foucault bouscule la vulgate dominante selon laquelle l'homme moderne se fait toujours plus maître de lui-même sous le signe des Lumières et jouit de libertés individuelles toujours plus étendues. Selon lui, notre monde ne s'améliore pas continûment dans le sillage du progrès scientifique et de la doctrine humaniste. Il n'en est rien, bien au contraire. Certes, à l'époque des Lumières, l'homme s'est mis en passe de se libérer de toutes les contraintes de nature physique et religieuse en s'appuyant sur la science et la force du sujet connaissant, mais en vérité, il s'est complètement fourvoyé en amassant du savoir :

En prenant, comme il le fait aujourd'hui, ses dimensions les plus larges, le vouloir-savoir [...]

La grande découverte de Foucault

> ne donne pas à l'homme une exacte et sereine maîtrise de la nature ; au contraire, […] il abat les protections illusoires ; il défait l'unité du sujet ; il libère en lui tout ce qui s'acharne à le dissocier et à le détruire.[6]

Selon Foucault, le vouloir-savoir déchaîné de l'homme a mené bien sûr à de grandes avancées technologiques depuis l'époque des Lumières. En outre, il nous a libérés des aberrations médiévales et de la superstition, mais il a créé dans sa foulée, en lieu et place du vieil irrationalisme, de nouvelles structures rationnelles qui, précisément parce qu'elles sont fondées en raison, restreignent la liberté de l'homme plus implacablement que jamais. Les nouvelles connaissances rationnelles de la science qui se targuent d'humanisme ne font progresser les choses qu'en apparence ; en réalité elles incarnent un savoir transfiguré en pouvoir, un corset d'acier qui enserre et discipline la société dans son ensemble.

Poussé par la raison effrénée, l'homme se précipite involontairement, mais systématiquement, vers sa propre autodissolution. Pour Foucault, les XVIIe et XVIIIe siècles marquent l'âge fatidique. C'est alors que s'amorce « l'abolition de l'homme ». En effet, les scientifiques érigent désormais l'homme lui-même en objet de recherche. Les sciences dites humaines, y compris la biologie, la psychologie, la psychiatrie et la criminologie, font leur apparition et engendrent un savoir inédit et systématique de l'homme. Pour la première fois, la science différencie de façon exacte le comportement normal du déviant, le sain du malade, le naturel du pervers. C'est à cette époque que, dans toute l'Europe, des établissements émergent destinés à éloigner les fous du milieu de la société :

> Ainsi, pour que s'ouvrent à la fin du XVIIe siècle les grands centres d'internement dans toute l'Europe, il a fallu un certain savoir de la folie opposée à la non-folie de l'ordre et du désordre [...].[7]

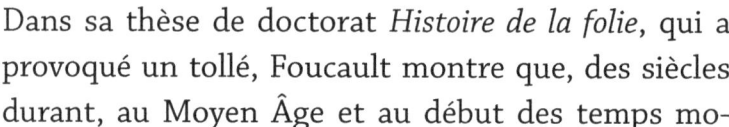

Dans sa thèse de doctorat *Histoire de la folie*, qui a provoqué un tollé, Foucault montre que, des siècles durant, au Moyen Âge et au début des temps modernes, on faisait preuve de tolérance envers les anormaux. Bien entendu, dans les communautés villageoises, on les ridiculisait, on les raillait, on les traitait comme factotum, idiots du village ou autres figures obscures, mais on les intégrait dans la vie quotidienne. Mais aux XVIIe et XVIIIe siècles, une armée de scientifiques diagnostiquent ces anormaux comme fous dans leur manuel de médecine et on les enferme dans des asiles. À ce moment débute, dit littéralement Foucault, le « grand renfermement »[8] de la folie. On sépare désormais la folie de la raison et on la définit comme dangereuse déraison. Ainsi par cette appréhension scientifique le fou devient-il irrévocablement un fou :

> Le fou ne peut donc être fou pour lui-même, mais seulement aux yeux d'un tiers qui seul peut distinguer de la raison elle-même l'exercice de la raison.[9]

Mais l'histoire ne s'arrête pas là. Aux XVIIe et XVIIIe siècles, se fondant sur des découvertes scientifiques, on construit non seulement des institutions psychiatriques mais aussi, pour la première fois, de gigantesques prisons de masse. Le régime pénitentiaire règne dorénavant partout. Bien sûr, les siècles précédents connaissaient les donjons et les cachots dans lesquels on emprisonnait les malfaiteurs et les ennemis. En outre, on se plaisait à exposer les malfaiteurs dans des cages ou au « pilori », le poteau de la honte. Mais l'internement massif de dizaines de milliers de délinquants dans des établissements « pénitenciers », c'est un geste moderne.

Dans son ouvrage le plus lu et le plus célèbre, au titre significatif de *Surveiller et punir*, Foucault décrit l'introduction d'un modèle carcéral novateur et méticuleusement perfectionné par le juriste et philosophe Jeremy Bentham. En 1787, Bentham conçoit la prison dite « panoptique », dans laquelle toutes les cellules sont disposées de manière concentrique autour d'une tour centrale. Le surveillant peut voir tous les détenus autour de lui à travers une fente étroite, mais ceux-ci, à l'inverse, ne peuvent pas le voir :

[…] dans la tour centrale on voit tout, sans jamais être vu.[10]

Bien que le surveillant ne puisse jamais garder son regard sur toutes les cellules en même temps, il suffit, selon Bentham, que les prisonniers sachent que, théoriquement, le surveillant pourrait les voir à tout moment. Ils se comportent alors de leur propre chef comme s'ils étaient constamment observés. L'autodiscipline se substitue à la discipline. À la surveillance continue dans le système carcéral moderne s'ajoute un contrôle total sur le corps et la psyché au moyen d'une discipline stricte en termes de temps et de mouvement. Des injonctions sonores rythmées dictent au détenu le moment de se lever, de travailler, de manger, de dormir ou d'effectuer un entraînement physique – le tout en étant constamment localisable dans l'espace panoptique. C'est ici que Foucault formule la plus provocante et la plus célèbre de ses thèses :

> Le schéma panoptique [...] est destiné à se diffuser dans le corps social ; il a pour vocation d'y devenir une fonction généralisée.[11]

Foucault explique comment, de par ses techniques disciplinaires de visibilité et d'invisibilité, la prison s'impose comme modèle et noyau de toute notre civilisation. Le professeur surveille ses élèves du haut de son pupitre surélevé, le patron ses ouvriers du haut de son bureau vitré surélevé. Le système de la prison panoptique s'immisce dans tous les domaines de la vie du corps social :

> [...] il sert à amender les prisonniers, mais aussi [...] à instruire les écoliers, à garder les fous, à surveiller les ouvriers, à faire travailler les [...] oisifs.[12]

Dans les écoles, les casernes, les services administratifs, les établissements pour malades mentaux, sur le lieu de travail et même pendant une période de chômage, l'homme moderne se retrouve à chaque instant localisé, capté et contraint de se soumettre à des procédures rigides. Nos institutions modernes, tout comme la prison de Bentham, constituent des systèmes disciplinaires parfaitement aménagés pour exclure les déviants et tenir tous les autres en échec à titre de prévention. Car en effet, même ceux qui ne sont pas ou « pas encore » exclus de la société savent bien qu'ils peuvent à tout moment partager ce destin s'ils se refusent au conformisme. Les remarques lancées à la rigolade – « T'es dingue, toi » ou « Fais attention, sinon de gentils messieurs en blanc vont venir te chercher » – recèlent une vérité quelque peu inquiétante.

Foucault soutient que chacun de nous éprouve la crainte consciente ou inconsciente d'être déclaré anormal ou délinquant et d'être placé dans un établissement psychiatrique ou correctionnel, crainte qui exerce une pression continue au conformisme. L'impression d'être maintenu sous observation constante comme dans ces institutions façonne désormais aussi la vie quotidienne de millions de personnes dans notre société.

Foucault souligne que cette dissolution de l'homme et de la liberté humaine dans la société coercitive marque l'aboutissement d'une longue évolution que, tel un « archéologue », il s'efforce de mettre au jour et de documenter. Dans son principal ouvrage philosophique intitulé *Les mots et les choses* et dans d'autres écrits, il se revendique archéologue, il fouille les couches les plus profondes du savoir de ces époques qui dictent leur loi d'airain à notre société d'aujourd'hui et fixent ainsi « l'ordre des choses » :

> Par archéologie, je voudrais désigner [...] un domaine de recherche qui serait le suivant.

> Dans une société, les connaissances, les idées philosophiques, les opinions de tous les jours, mais aussi les institutions, les pratiques commerciales et policières, les mœurs, tout renvoie à un savoir implicite à cette société [...].[13]

Ainsi chaque société, y compris la nôtre, dispose selon Foucault d'un savoir implicite, autrement dit d'une vérité intérieure dominante qui imprègne et régule toutes les institutions et tous les individus de cette société. Vérité et pouvoir ne constituent pas des sphères isolées :

> L'important, je crois, c'est que la vérité n'est pas hors pouvoir, ni sans pouvoir [...]. La vérité est de ce monde ; elle y est produite grâce à de nombreuses contraintes [...].[14]

La vérité ne participe donc pas de l'intemporel, mais du temporel de chaque société dont elle est le produit. La vérité produite dans la Grèce antique, par exemple, diffère de celle de la société féodale médiévale ou de notre démocratie moderne. Ainsi, la Grèce antique admettait comme vérité irréfutable que l'esclavage est quelque chose de tout à fait naturel, chaque bon ménage possédait des esclaves. Même Aristote et Platon ne doutaient nullement de cette vérité. Aujourd'hui, nous fabriquons une vérité différente. C'est pourquoi Foucault peut dire :

Chaque société a son propre régime de vérité, sa politique générale de la vérité [...].[15]

Or, cette production particulière de vérité s'avère grosse de conséquences néfastes puisque « l'ordre de la vérité » détermine tous les discours publics et privés dans la société. Il fixe tout ce qui peut y être pensé ou dit. L'individu ne peut se soustraire à cette structure objective et impérieuse. Ici, Foucault se révèle être un structuraliste pur et dur : notre style de vie, notre assurance, même notre volupté et notre sexualité sont profondément modelés par la structure de la vérité sociale et par la « politique de la vérité » prescrite en conséquence. Ainsi, notre sexualité n'est plus seulement un besoin inné ou naturel inhérent, mais aussi le produit de discours puissamment contrôlés :

De là aussi le fait que le point important sera de savoir [...] à travers quels canaux [...] le pouvoir parvient jusqu'aux conduites les plus ténues et les plus individuelles [...] et comment il pénètre et contrôle le plaisir quotidien [...].[16]

Dans son ouvrage en quatre volumes intitulé *Histoire de la sexualité*[17], Foucault explore cette question. Par quels canaux le pouvoir contrôle-t-il nos comportements ? Comment accède-t-il à notre sexualité ? Il nous invite à l'accompagner et à plonger avec lui dans les couches les plus profondes de notre production de vérité sociale :

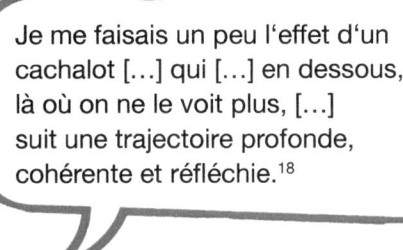

> Je me faisais un peu l'effet d'un cachalot […] qui […] en dessous, là où on ne le voit plus, […] suit une trajectoire profonde, cohérente et réfléchie.[18]

En fin de compte, Foucault développe sa thèse centrale en trois grandes étapes. Premièrement, comme un archéologue, il creuse et étudie les croyances, les concepts et les institutions du passé qui ont généré au fil du temps nos attitudes morales et scientifiques actuelles. Deuxièmement, il critique cette formation du savoir parce qu'elle exclut tant d'êtres humains, nous coupe tous de nos besoins et laisse même notre humanité en perdition. Troisièmement, il s'applique à concevoir un concept d'art de vivre qui puisse, même sous le joug d'une société coercitive, nous réconcilier avec nos besoins et notre humanité, du moins dans une certaine mesure.

En quoi consiste cet art de vivre ? Le sujet individuel peut-il encore s'affranchir de la société coercitive ?

L'homme se dirige-t-il vers sa perte ? Foucault a-t-il raison de prétendre que son fameux paradigme carcéral gouverne notre société et que nous avons tous l'impression d'être maintenus sous surveillance permanente ? Notre ère numérique culmine-t-elle dans la surveillance et l'autodiscipline ? Nul doute – les mises en garde de Foucault demeurent d'une actualité dérangeante.

La pensée centrale de Foucault

Archéologie du savoir : Comment nous sommes devenus qui nous sommes

Dans ses deux ouvrages intitulés *Archéologie du savoir* et *Les mots et les choses*, Foucault présente sa propre approche philosophique. Il est crucial, dit-il, de se libérer de tout préjugé en tant que philosophe et en tant qu'être humain. Nous devons appréhender la réalité telle qu'elle se manifeste. Nous devons laisser le vrai savoir de chaque époque prendre la parole. Et pour ce faire, la meilleure façon est d'étudier les documents authentiques, les découvertes archéologiques, les œuvres d'art et les chroniques d'événements et d'institutions d'une époque à la façon d'un historien ou d'un archéologue, puis d'en faire apparaître la structure commune, le « dispositif » englobant ces différents savoirs. Dans ses ouvrages, Foucault a en fait dépouillé une montagne de documents : plans de construction de prisons, œuvres littéraires et chroniques de différentes époques et même la description du supplice par écartèlement d'un parricide :

> Ce style de recherche a l'intérêt suivant : il permet d'éviter tout problème d'antériorité de la théorie par rapport à la pratique et inversement. Je traite en fait sur le même plan

> [...] les pratiques, les institutions et les théories, et je cherche le savoir commun qui les a rendues possibles, la couche de savoir constituant et historique.[19]

Foucault prétend que la philosophie jusqu'ici se ramène à deux approches. D'une part, à la manière idéaliste, elle s'est consacrée strictement à la théorie et a tenté de capturer le savoir d'une certaine époque à partir des idées dominantes, c'est-à-dire les pensées des rois, des philosophes et des génies. D'autre part, à la manière matérialiste, elle s'est bornée à explorer les conditions économiques et sociales qui déterminent prétendument tout le reste. Mais les deux approches sont erronées. En fait, il faut s'en tenir uniquement aux structures plus profondes du savoir d'une époque et de sa production de vérité institutionnalisée. En ce sens, Foucault était un structuraliste de stricte obédience. Comme d'autres qui partageaient les mêmes idées, déjà pendant ses études, il a donc critiqué la thèse existentialiste de Sartre selon laquelle l'homme pouvait forger sa vie en toute liberté, ainsi que la thèse matérialiste de Marx selon laquelle les décisions et les convictions des sujets individuels n'étaient que le résultat de leur situation économique et sociale :

> Nous découvrions [...] qu'il ne suffisait pas de dire, tantôt avec les uns, que le sujet était radicalement libre et, tantôt avec les autres, qu'il était déterminé par les conditions sociales.[20]

Foucault affirme que la seule chose qui importe est plutôt de faire émerger la structure profonde sous-jacente, ou comme il le dit littéralement, la « couche de savoir constituant et historique » dont émergent à la fois la pensée des sujets et leurs relations sociales :

> Il s'agit d'ôter au sujet [...] son rôle de fondement originaire et de l'analyser comme une fonction variable et complexe du discours.[21]

Dans la perspective structuraliste de Foucault, le sujet, c'est-à-dire l'être humain, n'est plus l'auteur et l'inventeur d'idées et de pratiques propres, mais seulement une « fonction variable du discours ». Nous exprimons nos opinions en tant que sujets individuels, mais nous ne pouvons les exprimer que de la manière qui reflète leur fonction dans le discours dominant. Nous ne pouvons jamais dire que ce qui peut être dit dans les limites du discours dominant :

> [...] on n'est dans le vrai qu'en obéissant aux règles d'une « police discursive » qu'on doit réactiver en chacun de ses discours.[22]

Par « discours », Foucault entend non seulement la communication concrète entre les gens, mais toujours aussi la structure de pouvoir et de savoir qui la sous-tend dans la société en question, structure qui nous influence de manière capitale :

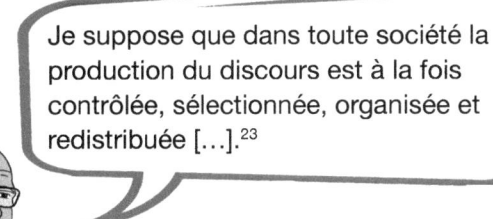

Je suppose que dans toute société la production du discours est à la fois contrôlée, sélectionnée, organisée et redistribuée […].[23]

Selon Foucault, notre liberté d'expression tant vantée n'est en vérité qu'une autre illusion. Elle relève foncièrement de la réalité discursive du moment et n'est donc en aucun cas aussi libre que nous le souhaiterions. Toute contribution individuelle au discours ne se meut qu'au sein de certaines structures construites dans un milieu social, telles que la grammaire de notre langue, les coutumes et pratiques de notre pays, le système politique, la moralité apprise, les croyances communes, les styles pédagogiques, l'esthétique dominante, et donc au sein de tous les axiomes que nous tenons pour vrais – en bref, dans la structure du « savoir constituant » de notre temps.

Certes, ce savoir constituant se transforme d'époque en époque, mais il détermine en permanence le caractère des discours. Dans chaque cas, le savoir produit n'est pas la vérité, mais seulement ce que l'on considère comme vrai dans les discours de l'époque en question :

> Les discours sur la maladie mentale, la délinquance ou la sexualité ne nous disent pas ce qu'est le sujet, mais seulement ce qu'il est dans un certain jeu de vérité tout à fait spécial.[24]

Par exemple, dans leurs discours, les Amérindiens admiraient et vénéraient les aliénés qu'ils croyaient touchés par l'esprit divin de Manitou. En revanche, dans leurs discours, les médiévaux les jugeaient possédés et chargeaient les exorcistes d'expulser le démon. De nos jours, en accord avec la vérité discursive commune, les aliénés sont des malades mentaux et une armée de médecins s'attèle à la tâche de les traiter. Selon Foucault, cependant, ces trois discours ne nous apprennent rien sur la nature réelle des sujets en question, mais seulement sur la façon dont ils sont considérés dans le discours dominant. À la manière des Amérindiens ou des exorcistes médiévaux, nos psychiatres reconduisent aujourd'hui le savoir qui correspond à notre discours actuel, sous-tendu par son savoir constituant :

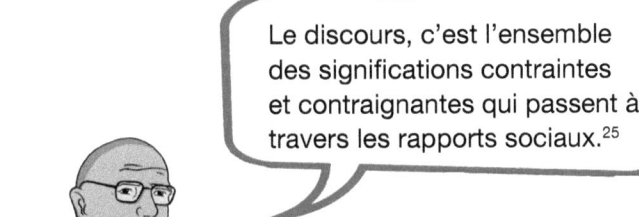

Le discours, c'est l'ensemble des significations contraintes et contraignantes qui passent à travers les rapports sociaux.[25]

Alors, nos réflexions personnelles ne sont-elles que l'écume qui se forme sur l'océan infini des discours imposés par la société ? Ne sommes-nous que des pantins que subjuguent les structures du « savoir constituant » ?

Oui et non. Foucault évolue sur la corde raide. D'une part, en tant qu'« archéologue », il dévoile avec une impitoyable lucidité les structures d'airain du discours et du savoir dont nous sommes tous à la merci pour le meilleur et pour le pire et qui nous informent en tant que sujets. D'autre part, en fin de parcours, il donne un tour déconcertant à son entreprise. En effet, il décrit notre savoir actuel, notre production actuelle de vérité – c'est-à-dire la structure gouvernant nos discours – de manière si provocante que, en tant que lecteurs, nous ne pouvons et ne voulons tout simplement pas l'accepter. Il agit donc d'abord en pur descriptiviste et se limite à décrire, mais il nous oblige finalement à nous confronter à ses descriptions de manière critique. Ses conclusions ébranlent nos convictions en les déchiffrant, nous rendant ainsi conscients de leur origine et leur étroitesse. Et c'est précisément en cela, c'est-à-dire en reconnaissant que nous sommes déterminés par les structures sociales, que réside pour Foucault au moins la possibilité d'une mise en question radicale :

Il y a des moments dans la vie où la question de savoir si on peut penser autrement qu'on ne pense et percevoir autrement qu'on ne voit est indispensable [...].²⁶

Et conscients de la façon dont nous sommes déterminés, nous pouvons alors secouer les barreaux de nos structures ; nous ne sommes pas condamnés à demeurer les prisonniers crédules ou impuissants des croyances dominantes mais nous pouvons tenter d'être et de penser autrement :

L'essai – qu'il faut entendre comme épreuve modificatrice de soi-même […] – est le corps vivant de la philosophie […].[27]

Cette critique du savoir en vue d'une « transformation de soi-même » a valu à Foucault d'être considéré comme un poststructuraliste. Certes, tout comme les structuralistes classiques français, il ne s'occupe d'abord que de décrire de façon systématique et impartiale les conditions de possibilité de notre savoir actuel et des discours adjacents, mais les résultats de sa recherche débordent largement l'horizon de la vision structuraliste en poussant la provocation jusqu'à l'outrance. Ils culminent dans une brillante critique de notre production de savoir actuelle et de ses tendances à l'exclusion et à la soumission. En appelant les choses par leur nom, on ne les modifie en rien, bien sûr, mais on commence à arracher le voile de légitimité dont elles s'enveloppent.

Folie et société – Exclusion de la déraison

En présentant sa thèse de doctorat *Histoire de la folie*, longue de plus de cinq cents pages, Foucault réussit déjà son premier coup de maître. Il y décrit la structure de la raison occidentale à la lumière de sa gestion de la folie. Il décèle ainsi non seulement les critères actuels sur lesquels se fonde notre science moderne pour séparer les fous ou les malades mentaux des gens normaux, mais également le traitement de la folie dans les époques antérieures. Par exemple, la société de la Renaissance était encore très « hospitalière » à la folie. On n'enfermait pas les aliénés, comme on les appelait à l'époque, on les acceptait avec largeur et on les tolérait dans leur altérité :

> Ce monde au début du XVIIe siècle est étrangement hospitalier à la folie.[28]

En bref, Foucault retrace la genèse de la raison moderne à partir de ses tentatives de se départir de son antagoniste – le déraisonnable et le fou. A-t-on compris ce que chaque époque considérait comme « dément », « fou » ou « aliéné » et comment elle traitait les fous, alors comprend-on également ce qu'elle considérait comme raisonnable et ce qu'elle mettait en pratique en conséquence. Selon Foucault, la folie et la façon dont on la traite sont un indicateur infaillible de la raison, que ce soit comme le reflet ou comme l'exclu, l'autre de la raison :

> La folie a une double façon d'être *en face de la raison* ; elle est à la fois *de l'autre côté* et *sous son regard*.[29]

Donc, d'une part, la folie est du côté de l'autre, c'est-à-dire du côté de ce qui est opposé à la raison, d'autre part, elle se trouve sous son regard, c'est-à-dire sous l'observation constante de la raison. Ce dernier point est crucial, estime Foucault. En effet, le fou n'est fou que depuis la perspective d'observateur qu'adopte la raison ou la science :

La folie ne peut se trouver à l'état sauvage. La folie n'existe que dans une société, elle n'existe pas en dehors des formes [...] qui l'isolent [...] qui l'excluent ou la capturent.[30]

C'est uniquement dans le contexte d'une définition précise de ce qui est raisonnable que la folie peut être reconnue comme déraisonnable :

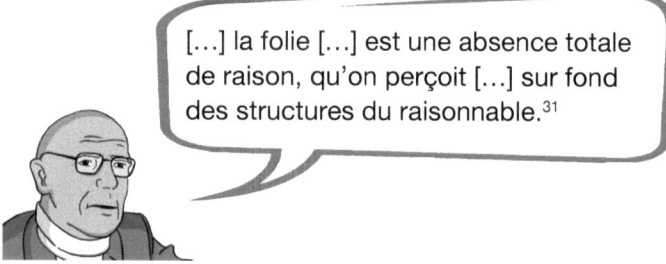

[...] la folie [...] est une absence totale de raison, qu'on perçoit [...] sur fond des structures du raisonnable.[31]

Mais cela n'a pas toujours été le cas. Au Moyen Âge et à la Renaissance, au dire de Foucault, la folie ne fut jamais l'« absence totale de raison » qu'il fallait combattre ou tabouiser. Au contraire, il était de bon ton pour les rois, les princes et les nobles supérieurs de se parer d'un bouffon. Ce dernier jouissait de la « liberté des fous » et pouvait se permettre d'exprimer irrespectueusement ses vérités insensées à l'encontre de la raison, de la logique et de l'étiquette. Au théâtre également, la figure du fou, la folie incarnée, exerçait une fascination singulière :

> Les fantasmes de sa folie, ont [...] pour l'homme du XVe siècle, plus de pouvoirs d'attraction que la réalité désirable de sa chair.[32]

Foucault illustre ce phénomène en évoquant les œuvres de peintres tels que Stefan Lochner, Matthias Grünewald, Pieter Bruegel et Jérôme Bosch. De ce dernier, par exemple, on admirait particulièrement les scènes d'enfer cauchemardesques et apocalyptiques : des crapauds sont accroupis sur les organes génitaux, des gnomes et monstres aux têtes de poissons, d'oiseaux, de porcs ou de fauves tourmentent et dévorent leurs victimes humaines. Souvent, des flèches percent l'anus des torturés. Pour un psychiatre d'aujourd'hui, ce spectacle témoigne d'un besoin urgent de thérapie ; à la Renaissance, on en était tout à fait fasciné :

De toutes parts, la folie fascine l'homme.[33]

Non seulement les peintres et les bouffons, mais aussi les gens ordinaires au comportement déviant ou perturbé étaient respectés et tolérés :

Au Moyen Âge et à la Renaissance, il était permis

> aux fous d'exister au sein de la société. Ce qu'on appelle l'idiot du village [...] était nourri et soutenu par les autres.³⁴

Le XVIIe siècle apporte un changement radical. Par le décret de 1656 fondant l'Hôpital de Paris, le roi Louis XIV fait enfermer pour la première fois dans des hospices des fous, des insensés et des vagabonds mendiants. Il est bizarre, dit Foucault, que les maisons vidées par la disparition de la lèpre aient été utilisées à cette fin :

> La lèpre disparue, le lépreux effacé, ou presque, des mémoires, ses structures resteront. Dans les mêmes lieux souvent, les jeux de l'exclusion se retrouveront, étrangement

> semblables deux ou trois siècles plus tard. Pauvres, vagabonds [...] et têtes aliénées reprendront le rôle abandonné par le ladre [...].[35]

Les aliénés reprennent le rôle des lépreux, ils sont isolés des personnes saines tout comme les lépreux. Ainsi débute le « grand renfermement ». Même la période moderne ultérieure, c'est-à-dire la période qui a suivi la Révolution Française, n'apporte aucune amélioration réelle. Certes, les sciences humaines émergentes voient les fous sous un jour nouveau comme des « malades mentaux », mais on les maintient en captivité. Cependant, les psychiatres ne se limitent plus à enfermer les patients comme ils le faisaient auparavant, mais entendent les traiter et les réadapter au marché du travail. Dès 1793, à l'époque des Lumières peu après la Révolution Française, le médecin Français Pinel affirme que la folie n'est pas une fatalité, mais un mal guérissable.

Or, de l'avis de Foucault, même la nouvelle approche

thérapeutique, porteuse d'espoir en théorie, n'apporte aucune véritable humanisation de la pratique, mais en vérité une continuation de la répression. Désormais, le fou est défini à la manière scientifique comme un malade mental qu'on veut amener à la raison. Pour la première fois, des psychiatres, tel Pinel, usent de camisoles de force pour « calmer » les patients et tentent, à l'aide de douches glacées et de sièges rotatifs, de stimuler la circulation sanguine dans le cerveau pour en réactiver les fonctions réduites. En outre, science nouvelle, la psychiatrie entre en jeu amenant une deuxième conséquence, beaucoup plus fatale :

Phénomène d'importance que cette invention d'un lieu de contrainte. [...] L'ordre des États ne souffre plus le désordre des cœurs. [...] Mais dans ce grand renfermement [...] l'essentiel et l'élément nouveau, c'est que la loi ne condamne plus.[36]

Désormais, ce ne sont plus seulement les lois, comme le décret sur le renfermement des fous à l'Hôpital de Paris, qui déterminent qui est emprisonné comme aliéné, mais les scientifiques et les psychiatres. Par la suite, les médecins définissent et diagnostiquent des centaines de troubles mentaux différents qui tous nécessitent une prise en charge thérapeutique :

Il a suffi de douze ans pour que les trois ou quatre catégories entre lesquelles [...] on répartissait (aliénation, faiblesse d'esprit, violence ou fureur) se révèlent insuffisantes pour couvrir le domaine entier de la folie ; les formes se multiplient [...].[37]

Or, en multipliant et en classant les formes pathologiques du comportement, on définit et on formule en même temps en détail la forme normale du comportement. En effet, en vertu de critères scientifiques, on place les malades, les fous ou les déraisonnables derrière les murs de la psychiatrie, mais les individus en dehors des murs reprennent à leur compte ces mêmes critères scientifiques afin de pouvoir se définir comme normaux, raisonnables et moralement exemplaires, comme les « négatifs » des emprisonnés :

Les murs de l'internement enferment en quelque sorte le négatif de cette cité morale […] : cité morale destinée à ceux qui voudraient, d'entrée de jeu, s'y soustraire, […] une sorte de souveraineté du bien, […] où la vertu […] n'a pour récompense que d'avoir échappé au châtiment.[38]

Foucault affirme que la société d'aujourd'hui est traversée par une forte contrainte à se soumettre à la communauté morale. Déjà intériorisée, elle se transmet des parents aux enfants. Cette contrainte subliminale à la conformité et à la normalité a prise sur la société disciplinaire. « Sois raisonnable ! » n'est plus seulement un conseil bien intentionné des parents à leur enfant, mais l'impératif omniprésent dans notre société qui éclipse tout autre. Mais selon Foucault, notre société dérive par là vers la médiocrité car toute culture, si bien organisée soit-elle, a besoin de folie comme antagoniste inspirateur. C'est un signe de pauvreté que depuis la fin du XVIIIe siècle, la folie n'ait été admise que sous forme littéraire dans les œuvres de quelques poètes :

> Depuis la fin du XVIIIe siècle, la vie de la déraison ne se manifeste plus que dans la fulguration d'œuvres comme celles de Hölderlin, Nerval, Nietzsche ou Artaud, […] résistant par leur force propre à ce gigantesque emprisonnement moral.[39]

Les dramaturges du théâtre absurde, Samuel Becket et Ionesco, ont réussi à faire valoir le « non-sens » dans leurs pièces *En attendant Godot* et *La Cantatrice chauve*, malgré la dictature de la raison. Par la suite cependant, dit Foucault, on a complètement étouffé et exclu la folie de la société. De nos jours, le pouvoir public ne tolère que très peu de formes religieuses de la folie, comme le culte et l'adoration de symboles fétiches tels que des tiges de bois disposées en croix, et cela uniquement dans la mesure où elles soutiennent l'ordre établi. Toutes les autres formes de folie sont déjà interdites à nos écoliers comme déraisonnables et non scientifiques.

Conclusion : du Moyen Âge à nos jours, la folie a perdu son rôle important d'interlocutrice de la raison. La raison moderne se plait au monologue, un monologue dictatorial. Elle ne tolère aucune déviation et génère ainsi une contrainte universelle à la normalité dans notre société.

Surveiller et punir – Structure de notre société

Surveiller et punir, l'ouvrage le plus célèbre et le plus lu de Foucault paru en 1975, traite également de la contrainte à la normalité. De nouveau, en tant qu' « archéologue », Foucault exhume de vieilles sources et chroniques pour retracer, de jadis au système pénal moderne de nos jours, le développement et la structure de la punition. Le début du livre est légendaire. Foucault commence en effet par décrire sans commentaire l'écartèlement du parricide François Damiens sous les yeux du peuple, tel que documenté dans la « Gazette d'Amsterdam » et dans une chronique du policier Bouton de 1757 :

> [...] mené [...] à la place de Grève [...] tenaillé aux mamelles, bras, cuisses et gras des jambes, sa main droite tenant en icelle le couteau dont il a commis le dit parricide [...] et sur les endroits où il sera tenaillé, jeté

> du plomb fondu, de l'huile bouillante, de la poix résine brûlante, de la cire et soufre fondus [...]. Ensuite [...] un exécuteur [...] a eu beaucoup de peine à arracher les[...]

pièces de chair qu'il prenait dans ses tenailles deux ou trois fois du même côté en tordant et ce qu'il en emportait formait à chaque partie une plaie d'un écu de six livres. Après ces tenaillements, Damiens qui criait beaucoup sans cependant jurer [...]. Malgré toutes ces souffrances ci-dessus, il levait de temps en temps la tête et se regardait hardiment. [...] Les confesseurs se sont approchés à plusieurs [...] il baisait de bon gré le crucifix [...] et disait toujours « Pardon, Seigneur ». Les chevaux ont donné un coup de collier, tirant chacun un membre en droiture [...]. Point de réussite. [...] il a fallu couper les chairs jusque presque aux os, les chevaux tirant à plein collier ont remporté le bras droit le premier et l'autre après. [...] Ces quatre parties retirées, les confesseurs sont descendus pour lui parler ; [...] mais son exécuteur leur a dit qu'il était mort, quoique la vérité était que je voyais l'homme s'agiter [...]. L'un des exécuteurs a même dit peu après que lorsqu'ils avaient relevé le tronc du corps pour le jeter sur le bucher, il était encore vivant.[40]

Foucault relate l'exécution de Damiens en 1757 de manière nettement plus détaillée sur quatre pages. Non par goût du sensationnel, mais pour illustrer l'essence de la punition à cette époque. En ces temps-là, il semblait équitable qu'un malfaiteur subisse lui-même sous une forme plus aigüe tous les tourments qu'il avait infligés à d'autres – à titre de vengeance et pénitence. En outre, il va sans dire que l'exhibition publique de la torture devait également dissuader les autres de commettre un crime similaire. Pendant tout le Moyen Âge et au début de la période moderne, on infligeait différents modes de torture et d'exécution tels que l'écartèlement, la roue, le bûcher, la décapitation, la pendaison et la noyade. Les vols et les infractions mineures étaient punis de flagellation ou de stigmatisation. Mais la punition s'exerçait toujours directement sur le corps.

Au début du XIXe siècle, on assiste à un changement radical. Désormais, observe Foucault, on construit des prisons de masse pour enfermer les malfaiteurs. La violence ne vise plus directement le corps, mais la psyché. À l'époque des Lumières, les gens étaient de plus en plus dégoûtés par les horribles supplices et tentaient de voir l'être humain même derrière le coupable. En outre, la durée de l'emprisonnement ne devrait plus être soumise à l'arbitraire du souverain mais à des dispositions légales uniformes. Cependant les dispositions légales qui en ont résulté et les poursuites criminelles sans faille ont fait exploser le nombre de détenus et ont nécessité la construction de nouveaux centres de détention.

C'est le juriste et architecte Jeremy Bentham qui a développé le prototype d'une telle prison moderne. En 1787, il conçoit la « prison panoptique » qui ne requiert que très peu de surveillants. Les cellules sont disposées selon une architecture qui offre aux surveillants une vue « panoptique », terme issu du grec qui signifie « omniprésente » :

> Le panoptique est un édifice en forme d'anneau, au milieu duquel il y a une cour, avec une tour au centre. L'anneau se divise en petites cellules [...]. Dans la tour centrale, il y a un surveillant [...], par conséquent tout ce que fait l'individu est exposé au regard du surveillant, [...] sans que personne, en revanche, ne puisse le voir.[41]

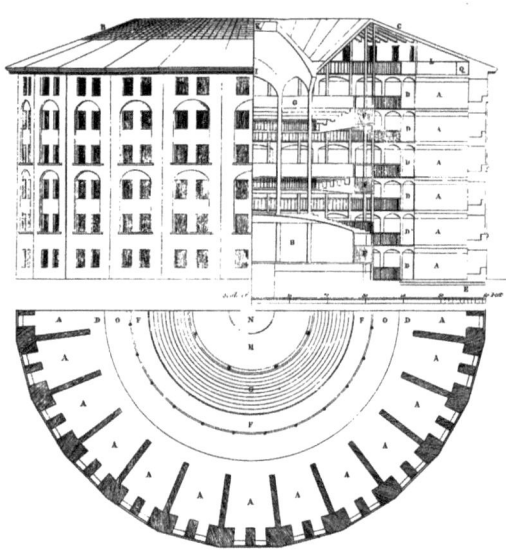

Cette disposition fait en sorte que les détenus se sentent surveillés même lorsque le surveillant ne se trouve pas dans la tour :

[…] le détenu ne doit jamais savoir s'il est actuellement regardé ; mais il doit être sûr qu'il peut toujours l'être.⁴²

Les prisonniers se comportent alors de leur propre chef comme s'ils étaient surveillés et se contrôlent eux-mêmes en quelque sorte :

> Celui qui est soumis à un champ de visibilité, et qui le sait, reprend à son compte les contraintes du pouvoir ; il les fait jouer spontanément sur lui-même ; il inscrit en soi le rapport de pouvoir dans lequel il joue simultanément les deux rôles, il devient le principe de son propre assujettissement.[43]

Cela se traduit par une économie de temps et d'argent dont profite encore aujourd'hui le système pénitentiaire moderne. Cependant, l'objectif n'est plus seulement, comme à l'époque de Bentham, d'enfermer et de surveiller les malfaiteurs de façon efficace, mais de les resocialiser et de les réinsérer dans le marché du travail. Dans les services de médecine légale, moult psychiatres s'évertuent à diagnostiquer et à traiter les crimes de source pathologique dans des expertises médico-légales. Des psychologues assurent le suivi des détenus pendant la détention, accompagnent le processus d'amélioration et documentent leur « bonne conduite », à savoir la normalisation de leur comportement. Les assistants sociaux et les agents de probation s'emploient à leur réadaptation. Mais Foucault estime que tous ces développements, célébrés communément comme l'avènement d'un système pénitencier à visage humain, n'ont pas apporté que des progrès. Les sciences humaines, il est vrai, s'interdisent de diaboliser le crime et le définissent pour la première fois d'un point de vue scientifique et légal, soit comme une atteinte aux normes en vigueur commise sous l'impulsion d'une passion, soit comme une inobservance délibérée des normes et des lois. Or cette « scientifisation » crée de nouvelles contraintes, somme toute bien plus fortes. Ce ne sont plus les rois ou les individus puissants, mais l'armée de scientifiques, juges, médecins et travailleurs sociaux en nombre infini qui exerce désormais le pouvoir. Ils dictent ce qui est normal et ce qui est anormal, et imposent une contrainte à la normalité en faisant appel à l'humanitaire pour la justifier :

Les juges de normalité sont devenus présents partout. Nous sommes dans la société du professeur-juge, du médecin-juge, de l'éducateur-juge, du « travailleur social-juge » ; […] et chacun […] y soumet le corps, les gestes, les comportements, les conduites, les aptitudes, les performances.[44]

Dans notre société, mille petits théâtres se substituent au grand théâtre des écartèlements publics et maintiennent la contrainte à la normalité :

> Voilà comment il faut imaginer la société punitive. [...] mille petits théâtres de châtiments.[45]

Bentham lui-même était convaincu que les établissements panoptiques étaient appropriés non seulement aux prisons mais aussi aux écoles, aux usines, aux casernes et aux hôpitaux, etc., pour assurer la transparence des processus dans chaque institution. Foucault reprend cette piste et montre comment les nouvelles techniques de surveillance sont utilisées aujourd'hui dans les écoles, par exemple. C'est du modèle carcéral qu'ont été adoptés les sonneries, les exigences de ponctualité, les leçons chronométrées, l'alignement physique et la visibilité panoptique dans les rangées de bancs, les sorties à cadence fixe dans la cour de récréation, l'entraînement physique et le contrôle permanent de la « bonne conduite » des élèves grâce à des évaluations du « comportement » :

> Et dans ce système d'alignements obligatoires, chaque élève selon son âge, ses performances, sa conduite, occupe tantôt un rang, tantôt un autre.⁴⁶

Une liste à classement variable des élèves détermine dans chaque classe les meilleurs, les moyens et les mauvais. Les examens, les notes, jusqu'au « redoublement », la répétition forcée d'une année scolaire, hiérarchisent, sanctionnent, récompensent et organisent la vie des élèves selon le système coercitif panoptique. Les écoles des XVIe et XVIIe siècles ne connaissaient pas encore ce régime. Le maître de l'époque enseignait à un groupe bigarré d'enfants plus ou moins jeunes, plus ou moins âgés, plus ou moins doués, dans une salle commune du village :

> […] un élève travaillant quelques minutes avec le maître, pendant que demeure oisif et sans surveillance, le groupe confus de ceux qui attendent […].⁴⁷

Mais épousant la structure carcérale, l'école s'organise jusque dans les moindres détails dans une vision panoptique, dans un « espace sériel ». Les élèves sont impérativement contraints de se déplacer dans certains couloirs, certaines salles et certaines classes en fonction de critères d'âge et de performance :

> L'organisation d'un espace sériel [...] a fait fonctionner l'espace scolaire comme une machine à apprendre, mais aussi à surveiller, à hiérarchiser, à récompenser.[48]

La machine de surveillance finit par couvrir la société dans son intégralité. Bientôt, les entreprises tiennent également des dossiers personnels de saisie des absences, des rémunérations, des primes, des avertissements, et des promotions de leurs employés. D'énormes services d'administration surveillent, enregistrent et évaluent les paramètres de millions de personnes : honnêteté fiscale, déclarations de résidence, périodes de travail, de chômage et de versement de retraite. L'exercice du pouvoir a changé de visage par rapport au Moyen Âge :

Le pouvoir […] tend à l'incorporel […].⁴⁹

Source de tout pouvoir, le souverain traversait jadis son pays dans un carrosse doré ; visible de loin, il saluait ses sujets agenouillés et infligeait ici et là une peine exemplaire. La société disciplinaire moderne y a substitué un auto-assujettissement invisible et permanent :

Nous […] sommes […] dans la machine panoptique investis par ses effets de pouvoir que nous reconduisons nous-mêmes puisque nous en sommes un rouage.⁵⁰

La pensée centrale de Foucault

Ce n'est plus le souverain, dont émanait autrefois tout pouvoir, qui fait fonctionner la machine à pouvoir aujourd'hui ; nous-mêmes en sommes devenus les rouages, nous la gardons en mouvement. Foucault évoque ici la « microphysique » du pouvoir. Notre époque requiert une nouvelle conception du pouvoir :

[...] « le » pouvoir dans ce qu'il a [...] d'autoreproducteur [...], ce n'est pas une certaine puissance dont certains seraient dotés.[51]

Chez Foucault, ce ne sont plus les classes dominantes et les exploiteurs clairement identifiables qui font fonctionner la machinerie du pouvoir comme dans la théorie sociale marxiste. Ce sont les réseaux d'institutions, de formations scientifiques, de discours et d'individus qui, petits et grands rouages, donnent chair aux engrenages de vérité et aux relations de pouvoir :

> Le pouvoir n'est pas quelque chose qui s'acquiert [...] ou qu'on laisse échapper ; le pouvoir s'exerce à partir de points innombrables et dans le jeu [...] de relations mobiles.[52]

De ce fait, l'émergence de la société coercitive et disciplinaire moderne ne découle pas des politiques de certaines élites puissantes, mais de la montée en puissance de l'humanisme et des sciences. Dans *Surveiller et Punir*, l'ironie mordante de Foucault se donne libre cours et pousse la pointe jusqu'à déclarer que, usant de la forme innovatrice de la prison panoptique, le système pénitentiaire « à visage humain » s'est infiltré à la base de la société moderne dans son ensemble. Indiscutablement, la violence physique se retranche de plus en plus dans l'invisibilité ; par exemple, il est interdit de frapper les enfants dans les écoles, les travailleurs agricoles dans les champs ou les prisonniers dans les établissements pénitenciers. En revanche, une violence psychologique d'envergure bien plus vaste s'insinue à sa place. Dorénavant, le système du nivellement, de la surveillance et de l'auto-assujettissement forcé déploie ses effets de toutes parts et conditionne plus ou moins à leur insu le comportement des citoyens. Dans chaque situation, que ce soit au travail, dans le métro ou au supermarché, chacun sait fort bien ce qu'on attend de lui. En lieu et place d'un contrôle de l'extérieur par les rois et les puissants, s'installe l'auto-assujettissement.

Conclusion : la prison, nous dit Foucault, s'étale désormais de toutes parts. En tant que dispositif, elle génère une contrainte permanente et ubiquitaire à la normalité, machine dont nous sommes les rouages et que nous maintenons en marche par notre soumission. Nous ne sommes plus fouettés ou châtiés physiquement, il est vrai, mais nous nous abandonnons intérieurement à la contrainte de normalisation. L'homme moderne est son propre directeur de prison.

Dispositif de la sexualité

« Dispositif » est l'un des termes clés de Foucault, peut-être même le terme clé par excellence. Mais que signifie « dispositif » ? L'expression se compose des mots latins « positif » qui signifie « fixé, observable », et du préfixe « dis » qui indique quelque chose en désaccord avec un fait observable.

Dans le langage courant, on utilise souvent le mot « positif » comme synonyme de « réjouissant », c'est-à-dire au sens d'un « message positif » ou d'une « expérience positive ». En science, cependant, il signifie purement et simplement « observable » au sens latin du mot. Chez un patient, un « examen bactériologique positif » révèle la présence effective de l'agent pathogène dans le sang. Le préfixe « dis » exprime toujours une exclusion ou une bizarrerie. Par exemple, les mots « disharmonie », « divergence », « distanciation » ou « dispositif » évoquent une discordance avec l'harmonie, les faits, l'opinion ou l'établi. Le terme « dispositif » englobe donc la dimension de la « constatation » et la dimension de l' « exclusion » de ce qui en diffère. C'est sans doute la raison pour laquelle Foucault utilise volontiers ce terme.

En français, dans le domaine militaire, le dispositif

est défini comme suit : « Ensemble de moyens disposés selon un plan (disposés) ».[53] On distingue entre les dispositifs d'attaque et les dispositifs de défense. Ainsi, un dispositif d'attaque est le plan établi en vue du déploiement coordonné de l'ensemble de l'infanterie, de l'artillerie, des chars et des avions. Le dispositif d'attaque fixe « positivement » le moment, la manière et le lieu de l'attaque. Ici, le préfixe « dis » décrit ce qui est exclu, ce qui doit être évité et donc tout ce qu'on ne peut se permettre de faire pendant l'attaque. Par exemple, aucune unité ne doit avancer seule à un point tel qu'elle perd la connexion et le soutien de toutes les autres. Le dispositif d'attaque qualifie ainsi ce qui doit être fait et disqualifie ce qui doit être exclu.

D'abord, Foucault aussi utilise le terme « dispositif » tout à fait au sens militaire du terme, comme un « ensemble de moyens disposés » et stratégiquement coordonnés dans un but spécifique. Cependant, dans son utilisation sociologique du terme, cet ensemble vise non seulement à diriger une attaque ou une retraite isolée, mais aussi à contrôler la société dans son intégralité. Ensemble de moyens disposés, un dispositif prescrit ce que la société dans son ensemble doit faire et ne pas faire :

> Ce que j'essaie de repérer sous ce nom [dispositif] […], c'est un ensemble résolument hétérogène, comportant des discours, des institutions, des aménagements architecturaux, des décisions réglementaires, des lois, des mesures administratives, des énoncés philosophiques, des propositions philosophiques, morales ou philanthropiques, bref : du dit aussi bien que du non-dit.[54]

Ainsi par exemple, de pair avec la contrainte de normalisation, le dispositif d'internement procède d'un conglomérat comprenant la nouvelle architecture carcérale de Bentham, les institutions judiciaires modernes, les nouveaux textes de loi, la saisie administrative de tous les délinquants et de tous les citoyens, ainsi que de la nouvelle conception philanthropique des Lumières qui rejette la torture et le supplice des criminels mais exige de les amender et de les resocialiser :

Voilà les éléments du dispositif. Le dispositif lui-même est le réseau qu'on peut établir entre ces éléments.[55]

Dans l'œuvre de Foucault, le dispositif constitue donc la totalité des préconditions qui encadrent le déroulement de notre vie. Il s'agit du réseau, à savoir le dénominateur commun ou même la quintessence de tout ce qui nous manœuvre, nous restreint et fixe les limites de notre développement. Et comme chaque dispositif implique une précondition à l'effet si puissant sur nos opinions personnelles, nos discours, nos pensées et nos actions, la tâche la plus importante de la philosophie consiste à dévoiler et à déceler ces dispositifs par une recherche archéologique. Affaire très complexe. Par exemple, le dispositif de la contrainte à la normalité s'est appuyé sur tout un ensemble de nouvelles sciences et institutions et il comprend « du dit aussi bien que du non-dit ».

C'est de façon très vivante que Erving Goffman, sociologue américain, décrit un jour la composition du dispositif foucauldien du « dit et du non-dit » en utilisant l'exemple d'un « bon Américain » : « En Amérique, il n'y a, au sens fort, qu'un seul type de mâle convenable, sans gêne aucune: jeune père marié, blanc, urbain, hétérosexuel et protestant, il habite dans un des États du Nord, il a joui d'une éducation universitaire, il est employé à plein temps, de belle apparence, de poids et de taille normaux, et a connu des succès dans le sport. [...] Tout homme qui échoue sur l'un de ces points a tendance à se considérer – du moins de temps à autre – comme indigne, imparfait et inférieur. »[56]

Dans ce passage, le sociologue Goffman ne décrit pas l'irruption du dispositif du « bon Américain », mais bien ses effets massifs. Il confirme ainsi l'approche de Foucault sur un point important. Le dispositif constitue l'ensemble et le réseau qui génèrent les exigences imposées au « bon Américain ». D'une part en ce qui concerne l'élément « marié », ce dispositif relève du « dit », de formules prononcées dans le cadre d'institutions et de lois, telles que le bureau de l'état civil et les lois sur le mariage et l'adultère. D'autre part, il relève aussi dans une large mesure du « non-dit », d'impératifs tacites tels que « réussite professionnelle, stature sportive, jeunesse », qui n'apparaissent dans aucune loi mais qui s'imposent subtilement. Main invisible, ce dispositif pousse l'individu dans une direction donnée :

> Ce que j'essaie de repérer sous ce nom [dispositif], c'est [...] un ensemble résolument hétérogène, comportant [...] du dit aussi bien que du non-dit.[57]

Dans son ouvrage en quatre volumes intitulé *Histoire de la sexualité*[58], Foucault expose ensuite le « dispositif de la sexualité » en mettant à profit de nombreuses sources. Il montre comment ce dispositif s'est transformé au fil du temps, de l'Antiquité à nos jours, c'est-à-dire comment les différentes époques présentent et font évoluer la conception d'une vie sexuelle épanouie dans le cadre de ce qui est permis. Comment les individus se définissaient-ils à chaque époque à travers leur sexualité ? Sous l'influence de la formation de savoir prépondérante, l'individu était par exemple tenu à certaines époques de se reconnaître pécheur impur, dépravé et obligé au repentir ;

à d'autres époques, il était à l'inverse tenu de se définir comme être pulsionnel et de vivre pleinement sa sexualité et, en cas d'échec, d'avouer sa sexualité refoulée et de se soumettre à un traitement.

Foucault présume que la façon de gérer sa sexualité en dit long sur l'autodéfinition d'un individu. Il interroge le dispositif de la sexualité dans le but de déceler les normes explicites et implicites auxquelles, de nos jours, nous soumettons notre désir et nos inclinations sexuelles. Comment nous contrôlons-nous nous-mêmes ? Quelles sont les définitions officielles et institutionnelles de la sexualité autorisée et de la sexualité interdite, et comment se sont-elles développées dans l'histoire à ce jour ?

Foucault élabore le concept de dispositif de sexualité dès le premier tome de *La volonté de savoir*. Jusqu'à présent, selon lui, l'histoire de la sexualité témoigne de la plus complète incompréhension. Sous l'hypothèse de la répression libidinale, on se complaît à souligner que la sexualité aurait été réprimée pendant des siècles. Cette légende veut que le « discours sur le sexe » initié par Sigmund Freud et la « révolution sexuelle » qui s'ensuivit aient conduit à un acte de libération et à une levée des tabous. En réalité, cependant, c'est exactement le contraire qui s'est produit. À travers le verbiage portant sur le sexe que l'on encourage constamment et la prolifération des définitions scientifiques de l'épanouissement sexuel et des techniques nécessaires pour l'atteindre, se charpente le dispositif moderne de la sexualité qui nous asservit :

> Notre civilisation n'a pas [...] d'*ars erotica*. En revanche, elle est la seule, sans doute, à pratiquer une *scientia sexualis*.[59]

Alors que la culture indienne possède un art de l'érotisme, le Kamasutra, qui aiguillonne l'imagination, notre civilisation occidentale en poursuit l'analyse et la classification scientifique par les sexologues. Le désir se voit réparti en formes saines, malades, déviantes et perverses, qui doivent être traitées en fonction du degré de déviation. Outre la sodomie, la masturbation et l'homosexualité, par exemple, ont également été classées comme pathologiques, discréditées et soumises à des sanctions, des thérapies et des mesures appropriées en Europe. Foucault souligne que la sexologie s'est empressée d'également appliquer aux femmes une étiquette ou une stigmatisation pathologique ; elles auraient une tendance naturelle à la nervosité et à l'hystérie.

C'est à la fin du XIXe siècle que s'établit le puissant dispositif de l'amour sexuel hétérosexuel sain qui ne tolère aucune déviation. Et ça ne s'arrête pas là. Le dispositif moderne de la sexualité nous contraint également à nous étendre sur les déviations et les expériences sexuelles de notre petite enfance afin d'appréhender notre moi le plus intime et éventuellement de le traiter. En nombre croissant, psychiatres, psychanalystes et psychologues étudient notre vie intérieure :

Nous sommes, après tout, la seule civilisation où des préposés reçoivent rétribution pour écouter chacun faire confidence de son sexe.[60]

Cependant, cette contrainte intérieure d'avouer son désir sexuel et de révéler sa vie intime ne remonte pas à Sigmund Freud, qui recommandait de s'ouvrir à sa biographie libidineuse et à ses désirs réprimés, mais au Moyen Âge chrétien. Foucault rappelle la longue histoire de la culture de l'aveu. Les psychothérapeutes ne font que poursuivre ce que les prêtres pratiquaient dans les confessionnaux et exigeaient de leur interlocuteur – l'aveu de leur volupté :

Depuis le Moyen Age au moins, les sociétés occidentales ont placé l'aveu parmi les rituels majeurs dont on attend la production de vérité : réglementation du sacrement de pénitence par le Concile de Latran, en 1215, développement des techniques de confession qui s'en est suivi [...].[61]

Mais à la différence du Moyen Âge, la confession et l'aveu se sont désormais propagés, d'après Foucault, dans pratiquement tous les domaines de la société :

« L'aveu a diffusé loin ses effets : dans la justice, dans la médecine, dans la pédagogie, dans les rapports familiers, dans les relations amoureuses, dans l'ordre le plus quotidien et les rites les plus solennels ; on avoue ses crimes, on avoue ses péchés, on avoue ses pensées et ses désirs, on avoue son passé et ses rêves, on avoue son enfance [...]. »[62]

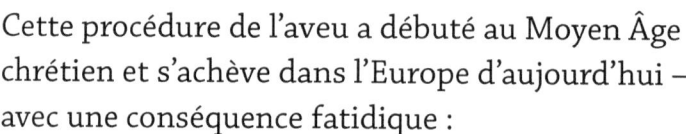

Cette procédure de l'aveu a débuté au Moyen Âge chrétien et s'achève dans l'Europe d'aujourd'hui – avec une conséquence fatidique :

« L'homme, en Occident, est devenu une bête d'aveu. »[63]

Pour Foucault, la culture de l'aveu est fort néfaste parce qu'elle ouvre la voie à un exercice massif du pouvoir. Elle rend possible le contrôle de la vie intérieure – tant dans les relations amoureuses privées que dans le secteur public :

Comme la tendresse la plus désarmée, les plus sanglants des pouvoirs ont besoin de confession.[64]

La culture de la confession et la scientifisation de la sexualité permettent entre autres choses à la politique de s'immiscer de plus en plus profondément dans l'intimité des gens. Foucault appelle ce phénomène la « biopolitique ». Au motif de garantir la santé publique, on exige la déclaration obligatoire de certaines maladies, on procède à des vaccinations et à d'autres mesures préventives de façon systématique.

Conclusion : les trois grandes études particulières de Foucault proviennent d'un tronc commun. Dans l'*Histoire de la folie*, il examine le dispositif qui dicte la démarcation entre raison et folie, entre normal et anormal. Dans *Surveiller et punir*, il étudie le dispositif de l'internement qui sépare le délinquant de l'honnête, mais définit ainsi les deux groupes et les tient en échec. Dans *l'Histoire de la sexualité*, il met en lumière le dispositif de la sexualité qui condamne les déviations, extorque les aveux et réglemente et contrôle la sexualité dans la sphère privée et politique. Dans ces trois études de cas, Foucault révèle les contraintes qui pèsent sur nos vies.

La thèse centrale de Foucault se dégage clairement. Notre penser, notre parler, notre agir ne sont pas libres. Ils s'agitent dans les vérités du discours dominant. Aucun discours n'est exempt de domination, totalement contrôlé qu'il est, comme par une main invisible, par les dispositifs qui le sous-tendent. Bien entendu, les dispositifs ne dictent pas en détail ce que nous pensons ou ce que nous disons, mais ils déterminent les limites et la portée de ce que nous devons penser et de ce que nous devons exprimer. Les discours eux-mêmes ne génèrent donc aucune vérité mais jouent le rôle d'agents pour des dispositifs sous-jacents. La tâche dévolue au philosophe consiste à mettre en lumière, à la manière d'un historien ou d'un archéologue, la genèse de ces dispositifs qui ordonnent notre monde. C'est la raison pour laquelle, sur le plan méthodique et théorique, Foucault consacre son œuvre principale, *Les mots et les choses*, à l'étude de l'« ordre des choses » :

> Il s'agit de savoir non pas quel est le pouvoir qui pèse de l'extérieur sur la science, mais quels effets de pouvoir circulent entre les énoncés scientifiques [...]. Ce sont des différents régimes que j'ai essayé de repérer et de décrire dans Les Mots et les Choses.[65]

L'ordre des choses et la disparition de l'homme

Avec la publication de *Les mots et les choses* en 1966, Foucault s'élève définitivement au panthéon des philosophes. Le texte est de facture très abstraite dans certains passages, mais à la surprise de tous, il ne fascine pas uniquement les experts. Au cours des premiers mois, plus de 30.000 exemplaires sont vendus, les écrits de Foucault circulent dans les cafés parisiens, se substituant aux livres de Sartre. Le journal *Le Nouvel Observateur* titre : « Foucault se vend comme des pains chauds ».

En effet, Foucault détrône le célébrissime existentialiste Sartre en tant que chef de file des intellectuels français. Ses œuvres sont traduites au fur et à mesure de leur apparition et attirent l'attention du monde entier. Il est bien conscient de ce nouveau rôle :

[...] la génération de Sartre [...] avait la passion de la vie, de la politique, de l'existence [...]. Mais nous, nous nous sommes découvert autre chose, une autre passion : la passion [...] de ce que je nommerais le « système ».[66]

Cette passion du système et donc de la structure à l'origine première de tout sujet individuel a fait de Foucault la figure de proue du structuralisme dans toute l'Europe. En 1970, à l'âge de quarante ans, il est nommé professeur d'« Histoire des systèmes de pensée » au Collège de France, l'université d'élite en France, et se charge donc d'un domaine d'études taillé sur mesure pour son approche structuraliste.

À vrai dire, ce n'est pas Foucault qui a fondé le structuralisme, mais le linguiste suisse Ferdinand de Saussure qui, déjà dans les années trente, provoque une vive controverse en avançant que ce n'est pas l'homme en tant qu'être langagier qui produit le langage, comme on le suppose communément, mais qu'à l'inverse c'est le langage qui produit l'homme. Nous pouvons nous exprimer et nous épanouir uniquement au cœur des structures langagières. Pour Saussure, l'homme est donc le produit de ses systèmes de signes.

Le logicien Wittgenstein argumente également à la manière structuraliste et déclare : « Les limites de mon langage signifient les limites de mon monde ». [67] D'après la thèse commune à Wittgenstein et à Saussure, nous ne pouvons jamais exprimer ou penser quoi que ce soit qui échappe à la structure de notre langage car, pour ce faire, nous devrions toujours nous servir de mots et de phrases. D'ailleurs, chacun d'entre nous peut soumettre cette affirmation à un petit test. Il suffit d'essayer de former ou d'exprimer une pensée sans mots ni phrases. Impossible. La linguistique structurale en conclut que le langage détermine notre compréhension du monde et en définit en même temps les limites.

Par la suite, Claude Lévi-Strauss transpose cette approche radicale de la linguistique structurale à l'ethnologie et démontre dans son ouvrage en quatre volumes *Mythologiques* que les hommes n'inventent pas leurs mythes de façon libre et consciente. C'est l'inverse qui se produit : les mythes se déploient chez les sujets humains avec une telle vivacité qu'ils s'avèrent en définitive plus réels et plus profonds que les sujets eux-mêmes. Les mythes façonnent notre image de soi. L'homme ne s'invente pas des histoires, les histoires l'inventent. De façon conséquente, Claude Lévi-Strauss prend acte de cette impuissance totale face aux structures narratives dans sa propre personne et dans ses propres sentiments. Dans une métaphore célèbre, il décrit le structuralisme sous sa forme la plus pure : « Je me sens comme un endroit où [...] il n'y a pas de moi. Chacun de nous est une sorte d'intersection où différentes choses se produisent. L'intersection elle-même est complètement passive ; il se passe quelque chose sur elle. Quelque chose d'autre, tout aussi valable, se passe ailleurs. Il n'y a pas le choix [...]. »[68]

Foucault, lui aussi, adopte d'abord cette conception radicalement structuraliste de la disparition du moi et de la passivité totale du sujet. Dans *Les mots et les choses*, il décrit la façon dont le monde a été ordonné à différentes époques et la façon dont les sujets individuels devaient se plier à cet ordre. En effet, chaque époque a une vision différente et donc une compréhension différente du sens de la vie. L'ordre des choses en vigueur génère non seulement notre image personnelle mais aussi la structure de toute la réalité, englobant institutions, constitutions, règles, rituels, ordres juridiques et économiques. C'est de ce système qu'émerge ensuite le sujet individuel, c'est-à-dire l'être humain individuel. Aujourd'hui, on considère Foucault comme un poststructuraliste, mais pendant la plus grande partie de sa carrière, il était imprégné de la « passion du système » structuraliste :

[…] ce qui nous traversait profondément, ce qui était avant nous, ce qui nous soutenait dans le temps et l'espace, c'était le système.[69]

Dans sa période tardive, il se tourne vers la réflexion critique des dispositifs et vers un art de vivre engagé, ce qui le catapulte hors du structuralisme de stricte obédience et fait de lui une figure du poststructuralisme. Dans *Les mots et les choses*, cependant, il demeure fermement attaché à une approche structuraliste qui vise à la compréhension de l'histoire de l'Occident et de sa population à partir de trois grands systèmes d'ordre : la Renaissance du XVIe siècle, le classicisme des XVIIe et XVIIIe siècles, et la modernité depuis le XIXe siècle. Au dire de Foucault, chacune de ces trois époques dispose de sa propre épistémè. Le mot grec « épistémè » se traduit tout simplement par « savoir » ou « science ». Foucault, cependant, use de ce mot de manière quelque peu particulière comme un terme clé pour désigner la forme culturelle de savoir sous-jacente à la connaissance et à la science :

> Dans une culture et à un moment donné, il n'y a jamais qu'une épistémè, qui définit les conditions de possibilité de tout savoir.[70]

L'épistémè de la Renaissance, c'est-à-dire son mode de connaissance sous-jacent, réside dans la représentation, la similitude ou l'analogie. C'est-à-dire qu'à partir de la vision cosmologique du monde, on cherchait des similitudes entre les choses au vu de la création commune. Par exemple, à la Renaissance, on découvre des similitudes entre l'homme et la terre :

> Sa chair est une glèbe, ses os des rochers, ses veines de grands fleuves. Sa vessie, c'est la mer [...].[71]

Mais comme à l'époque précédente du Moyen Âge, l'existence terrestre de l'homme est encore appréhendée à l'ombre de son état de déchéance pécheresse et dans l'attente de la grâce divine dans l'au-delà. Ce n'est qu'à l'époque classique, c'est-à-dire aux XVIIe et XVIIIe siècles, et donc à l'époque des Lumières et des sciences humaines émergentes, que l'on procède au réaménagement intégral de la connaissance. Désormais, au lieu de simples analogies, la nouvelle épistémè exige que les choses se conforment aux mots et aux désignations :

> La tâche fondamentale du « discours classique », c'est *d'attribuer un nom aux choses, et en ce nom de nommer leur être.*[72]

L'âge classique se délecte des aperçus, des tableaux et des désignations systématiques. À partir du XIXe siècle, l'épistémè prescrit que la connaissance des choses doit être susceptible de vérification et s'aligner sur des vérités établies par les scientifiques. Ainsi l'être humain se trouve-t-il réduit à l'état d'objet, réifié par les biologistes, les psychologues, les économistes et les généticiens. Chez Darwin, par exemple, l'homme n'est plus une créature de Dieu, mais un mammifère supérieur – chez Freud un être pulsionnel, chez Marx un être générique qui se définit par ses rapports de production. Dans les trois cas, cependant, la vérité est de main d'homme. Les vérités intemporelles, métaphysiques et vaguement définissables telles que la justice divine, l'honneur ou les vertus chevaleresques se voient désinvesties de leur importance de façon tout à fait dramatique. Dans la perspective de Foucault, la transition radicale de l'âge de la « similitude » à l'épistémè de l'âge classique et moderne se fait jour dans le destin du personnage romanesque de Don Quichotte. En définitive, Don Quichotte se brise contre le nouveau monde capitaliste, y défendant toujours les nobles valeurs d'une épistémè disparue depuis longtemps :

> Le héros de Cervantes [...], déchiffrant par le seul jeu de la ressemblance des châteaux dans les auberges et des dames dans les filles de ferme, s'emprisonnait sans le savoir [...].[73]

À son insu, Don Quichotte s'est fait prisonnier d'un monde qui n'existait plus à son époque. Il s'accroche obstinément à une vérité produite par le Moyen Âge et, du point de vue des épistémès en vigueur, il est donc devenu fou, cible de railleries. Foucault ne nous montre pas seulement de manière éclatante comment la nouvelle épistémologie scientifique a renversé l'ordre des choses, il pousse la provocation jusqu'à prédire que :

> [...] l'homme s'effacerait, comme à la limite de la mer un visage de sable.[74]

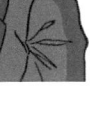

Il ne prétend pas par là que notre espèce s'éteindra du fait, par exemple, de la catastrophe climatique, mais qu'elle disparaîtra en tant que sujet autonome :

> [...] la fin de l'homme [...] est seulement [...] une des formes visibles d'un décès beaucoup plus général. Je n'entends pas par cela la mort de Dieu, mais celle du sujet, du Sujet majuscule, du sujet comme origine et fondement du Savoir, de la Liberté, du Langage et de l'Histoire.[75]

L'homme en tant que sujet, en tant qu'origine de la connaissance, de la liberté et du langage, est donc en voie de perdition. Une fin imminente pour une simple raison. Au XIXe siècle, l'homme se prend pour objet d'étude et se désinvestit de plus en plus de son pouvoir sur lui-même. Les principales sciences modernes – psychologie, économie, biologie et linguistique – se sont évertuées dans leurs recherches à déceler dans l'homme le sujet de la connaissance, mais en dernière analyse, elles n'ont découvert qu'un être humain totalement imbriqué dans des structures :

> À mesure que l'on déployait ces investigations sur l'homme comme objet possible de savoir, [...], ce qu'on a découvert, c'est un inconscient, un inconscient qui était tout traversé de pulsions, d'instincts [...], qui n'avaient rigoureusement rien à voir avec ce que l'on pouvait attendre de l'essence humaine, de la liberté ou de l'existence humaine.[76]

Tout comme la psychanalyse, la biologie n'a fourni en définitive que des résultats désillusionnants. Bien loin de pouvoir prouver que l'esprit est libre au niveau organique, elle a découvert que notre pré-programmation génétique détermine tout le développement d'une personne, de la couleur des yeux à la couleur des cheveux, de la taille du corps à l'intelligence et aux traits de caractère :

> […] en biologie, vous savez que le ruban chromosomique porte en code, en message chiffré, toutes les indications génétiques qui permettront à l'être futur de se développer.[77]

Il en va de même pour la linguistique :

> On espérait que, en étudiant […] l'évolution des grammaires, en comparant les langues les unes avec les autres, c'est en quelque sorte
>
> l'homme lui-même qui se révélerait […]. Mais à force de creuser le langage, qu'est-ce qu'on a trouvé ? On a trouvé des structures.[78]

Ainsi, dans le crépuscule de son épistémè moderne, l'homme se retrouve la proie de forces qu'il ne peut lui-même contrôler. Il se noie dans les sables mouvants de processus biologiques codés, de mécanismes de régulation inconscients, de contraintes macroéconomiques du marché, et de la captivité dans le langage et les univers conceptuels préexistants. Il court à sa perte en tant qu'être autonome :

> De nos jours, le fait que la philosophie soit toujours et encore en train de finir et le fait qu'en elle peut-être, […] le problème du langage […] se pose, prouvent sans doute que l'homme est en train de disparaître.[79]

Mais cette « mort de l'homme » prédite par Foucault n'est pas aussi affligeante qu'elle pourrait paraître à première vue. En effet, ce type d'être humain sur le point de disparaître n'est autre que l'homme rationnel autonome des sciences humaines, inventé au XIXe siècle. Il s'agit de cette race fiévreuse dévorée de l'envie de tout connaître, tout catégoriser, tout discipliner et qui, ce faisant, a apporté tant de misère en ce monde. Et il ne faut pas oublier, dit Foucault, que cet être humain de date récente, auto-explorateur et autodestructeur, n'est finalement qu'une des nombreuses formes de savoir produites par l'histoire au fil du temps :

L'homme est une invention dont l'archéologie de notre pensée montre aisément la date récente..[80]

Et si l'homme de la société disciplinaire venait à disparaître à un moment donné, il se démettrait pour peut-être céder la place à une meilleure forme de savoir, à une nouvelle épistémè.

À quoi nous sert la découverte de Foucault aujourd'hui ?

La prison panoptique de Foucault : Prototype de la surveillance numérique ?

À quoi nous sert la pensée de Foucault encore aujourd'hui ? A-t-il raison – vivons-nous tous dans une société disciplinaire ? Nous trouvons-nous – comme les prisonniers de Bentham – sous surveillance omniprésente et agissons-nous en conséquence ? Sommes-nous nos propres directeurs de prison ?

On ne peut se pénétrer des interrogations fondamentales de Foucault sans être frappé de perplexité. Il met sens dessus dessous tout ce que nous considérons généralement comme d'immenses progrès – par exemple, les soins thérapeutiques apportés avec empathie aux malades mentaux par les psychiatres, les psychologues, les psychanalystes et les hôpitaux psychiatriques, ou encore l'abolition des châtiments corporels par un système pénal qui se veut à visage humain. De l'avis de Foucault, ces deux réformes n'ont accompli aucun vrai progrès :

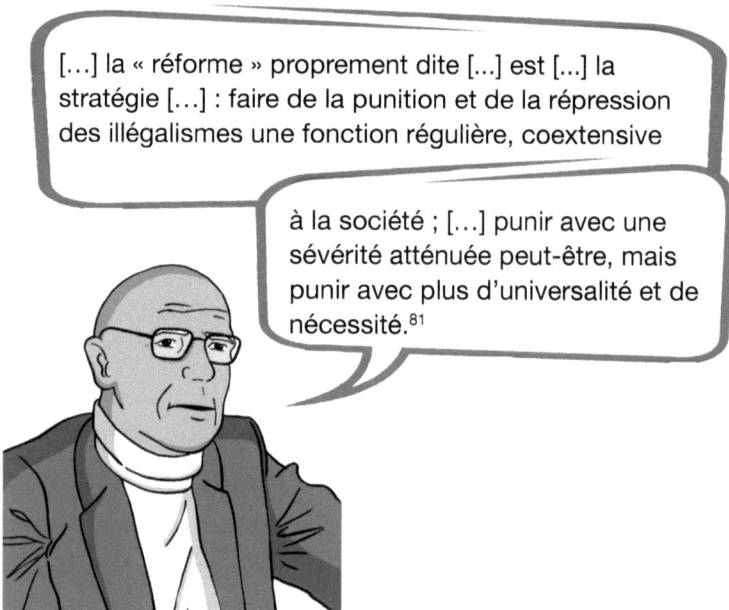

[...] la « réforme » proprement dite [...] est [...] la stratégie [...] : faire de la punition et de la répression des illégalismes une fonction régulière, coextensive à la société ; [...] punir avec une sévérité atténuée peut-être, mais punir avec plus d'universalité et de nécessité.[81]

On peut difficilement récuser la dernière partie de l'affirmation de Foucault. Nul doute, le système pénal s'adoucit, mais il s'universalise également. Aujourd'hui, les mesures punitives violentes exercées jadis contre les malfaiteurs, comme le supplice de l'écartèlement, ont cédé la place à une surveillance universelle et massive de l'ensemble de la population sous prétexte de prévention. Ce faisant, l'exercice du pouvoir et de la violence – ici aussi, il faut sans doute lui donner raison – renonce à des exécutions spectaculaires et se fait considérablement plus discret et subtil :

> Faire que [...] la perfection du pouvoir tende à rendre inutile l'actualité de son exercice.[82]

Alors, a-t-il raison ? Sommes-nous vraiment à la merci d'un appareil de pouvoir de plus en plus subtil dont l'exercice est à peine perceptible ? Il demeure que, sous nos yeux, sans que nous en soyons plus frappés, des institutions administratives nous saisissent, nous surveillent, nous gèrent de bout en bout depuis l'acte de naissance, en passant par l'école, la vaccination obligatoire, la formation, le permis de conduire, les excès de vitesse, les périodes de travail et de chômage, jusqu'au versement des pensions. Même les changements de domicile doivent être signalés depuis plusieurs années. Mais la méfiance de Foucault à l'égard d'une société de surveillance universelle gagne en plausibilité de façon exponentielle au vu des nouvelles techniques et pratiques du monde numérique. À son époque, on n'en était encore qu'aux caméras vidéo et radars de rue de première génération utilisés pour dissuader les vols par les clients des supermarchés et les excès de vitesse par les automobilistes.

Notre monde numérique actuel ne manquerait pas de choquer Foucault. Des métropoles entières se retrouvent désormais sous vidéosurveillance. Le plus naturellement du monde, on collecte des données biométriques. Les programmes de reconnaissance faciale capturent et localisent nos mouvements. À partir de traces de données laissées sur l'Internet, on crée des profils biographiques utilisés pour présenter des offres personnalisées aux consommateurs. Et exactement comme Foucault l'avait prédit, à l'instar des prisonniers de Bentham, nous nous accommodons au fait d'exister sous un regard panoptique. Avec chaque achat, chaque recherche sur Google et chaque publication, nous consolidons le système :

> Nous [...] sommes [...] dans la machine panoptique investis par ses effets de pouvoir que nous reconduisons nous-mêmes puisque nous en sommes un rouage.[83]

De même, des gouvernements et des États ont dorénavant recours à cette machine panoptique pour discipliner leur population. En Chine par exemple, de nombreuses villes et régions ont déjà mis en place des systèmes d'observation et d'évaluation qui retirent ou distribuent des points à chaque citoyen en fonction de son comportement déviant ou exemplaire. Si par exemple quelqu'un grille un feu rouge ou jette négligemment un gobelet en papier sur la rue, la numérisation du visage permet de l'identifier et de lui infliger des points de pénalité sur son compte. Mais il en va de même des retards de paiement, du visionnage de contenus pornographiques sur l'Internet, ou des remarques critiques sur le parti et l'État – tous ces actes sont inclus dans l'évaluation grâce à la consolidation des données de toutes les autorités. Toute personne dont le score est inférieur à 1000 points est considérée comme une « mauvaise » personne. Les citoyens stigmatisés sont contraints d'augmenter leur score par un comportement ostensiblement exemplaire afin d'être mieux lotis aux yeux des autres :

> Celui qui est soumis à un champ de visibilité, et qui le sait, reprend à son compte les contraintes du pouvoir ; il les fait

> jouer spontanément sur lui-même ; il inscrit en soi le rapport de pouvoir dans lequel il joue simultanément les deux rôles, il devient le principe de son propre assujettissement.[84]

En effet, de nombreux Chinois considèrent que le système est apte à inciter tous les citoyens aux bonnes œuvres. Déjà en 2014, la ville côtière chinoise de Rongcheng a introduit un « système de crédit social ». Depuis lors, les quelque 670.000 habitants doivent présenter leur score régulièrement, par exemple à leur employeur pour obtenir une promotion, ou à la banque pour solliciter un crédit bancaire. « Honest Shanghai », c'est ainsi que l'on désigne un autre projet pilote visant à la saisie complète des citoyens. Entre-temps, le système de points a été introduit dans toute la Chine. Quiconque tombe en dessous d'un certain seuil en raison d'irrégularités financières ne peut plus acheter de billet de train à grande vitesse ou de billet d'avion. Rien qu'en 2018, cette peine a été imposée environ 6,7 millions de fois, selon les données officielles de la Cour suprême.[85]

Dans un projet pilote allemand, les policiers portent sur leurs uniformes des caméras qui filment toutes les interactions avec les citoyens, ce qui place les deux acteurs sous le regard à force probante de l'autre et les incite à un comportement impeccable. Foucault y verrait le triomphe total de la machine panoptique :

> La pénalité perpétuelle qui traverse tous les points, et contrôle tous les instants des institutions disciplinaires compare, différencie, hiérarchise, homogénéise, exclut. En un mot, elle normalise.[86]

Naturellement, on pourrait objecter à Foucault que la contrainte à la normalité a également pour effet positif de prévenir en amont les infractions et les crimes. Par exemple, Bill Gates, le grand pionnier de l'Internet, a exalté les possibilités de la prévention numérique du crime il y a trente ans. Dans son livre *The Way Ahead*, il suggère que l'on tienne un journal numérique sécurisé depuis un satellite qui saisit l'emplacement et les déplacements de chacun des habitants de la planète au travers d'un émetteur placé, par exemple, à l'intérieur d'une dent molaire – semblable à la façon dont le GPS localise l'emplacement de millions de voitures. Avec quelques satellites supplémentaires, affirme-t-il, il serait facile de capturer tous les citoyens de la terre sans exception. Ainsi, dans une affaire criminelle, la police n'aurait qu'à rechercher les individus qui se trouvaient sur les lieux du crime au moment où il a été commis, ce qui entraînerait une énorme diminution des délits.

Et même si, comme le reconnaît Bill Gates, certains citoyens rejettent la localisation constante afin de protéger leur vie privée, tout un chacun devrait pouvoir, s'il le désire, tenir un journal sécurisé à l'aide d'un appareil d'enregistrement. En cas de plainte pénale, le juge ou le procureur pourrait alors être autorisé à y accéder : « Votre ordinateur de poche sera en mesure de réaliser les enregistrements acoustiques, temporels et géographiques les plus précis de tout ce qui vous arrive [...]. Il enregistrera chaque mot que vous dites et chaque mot qu'on vous adresse, ainsi que la température du corps, la pression artérielle, la pression de l'air [...]. Si quelqu'un vous accuse d'un méfait, vous pouvez répondre : „Attendez une minute ! Ma vie est documentée." [...] [D]es marquages numériques cryptés en garantiraient l'authenticité. »[87]

Bill Gates évoque également le petit État de Monaco

où la vidéosurveillance a été mise en place dans toutes les rues, dans tous les magasins, dans tous les passages souterrains et dans tous les moyens de transport, avec pour résultat que « la criminalité a pratiquement disparu ».[88] Alors que Gates mise sur les avantages de la capture numérique, Foucault nous met en garde avec la plus grande solennité contre les dangers d'une telle surveillance panoptique. Et il nous laisse même entrevoir le point final théorique d'une telle évolution :

> L'appareil disciplinaire parfait permettrait à un seul regard de tout voir en permanence.[89]

La main invisible derrière tout cela : Débusquer les dispositifs !

Dans une interview, Foucault recommande d'utiliser ses livres comme des « boîtes à outils » :

> Tous mes livres [...] sont, si vous voulez, de petites boîtes à outils. Si les gens veulent bien [...] se servir de telle phrase, telle idée, telle analyse comme d'un tournevis [...] pour court-circuiter, disqualifier, casser les systèmes de pouvoir, [...] eh bien, c'est tant mieux ![90]

En effet, on peut très bien se servir de certains concepts de Foucault comme d'outils, même s'il n'est pas toujours possible de « court-circuiter les systèmes de pouvoir ». Dans cette boîte à outils, le concept le plus étincelant est celui de « dispositif ». Le « dispositif » se dissimule comme une main invisible derrière toutes les contraintes visibles et explicites. Il se situe à l'épicentre de lignes directrices puissantes et contraignantes et se nourrit d'un réseau d'institutions, de traditions et de formations de savoir :

Le dispositif lui-même, c'est le réseau qu'on peut établir entre ces éléments.[91]

Foucault nous propose de puiser dans ses livres et ses concepts comme dans une « boîte à outils », on peut y voir un appel à l'action : débusquer les dispositifs !

Prenons un exemple. Si quelqu'un fait l'erreur d'emporter des livres de Foucault avec lui en vacances, il ne peut guère s'empêcher de se heurter, après quelques jours, au « dispositif du bon vacancier ». Plus précisément, partir en vacances n'est pas une affaire anodine, exempte de toute contrainte, comme on le suppose généralement. À y regarder de plus près, surgissent toute une série d'impératifs : il faut se détendre, récupérer tout en s'abandonnant à la spontanéité, s'abîmer dans le présent et s'épanouir dans chaque instant. Souvent, pour montrer qu'on a obtempéré à ces impératifs, on envoie ou on poste des photos par voie numérique.

Afin de se plier à ces injonctions, stipulées nulle part mais bien présentes, le vacancier doit s'assurer lors de la réservation que les structures appropriées soient mises en place à l'avance. Premièrement, une destination très éloignée de son lieu de travail, par exemple une région inconnue, un pays exotique ou l'île solitaire tant vantée. Deuxièmement, un accès à la mer. Troisièmement, un hébergement parfaitement insonorisé, à l'abri du bruit des atterrissages et des décollages des avions qui véhiculent d'autres braves vacanciers de même acabit. Quatrièmement, des conditions idéales en termes de climat, gastronomie, sommeil et loisirs qui respirent la sérénité.

Conclusion : en vacances, je suis à la merci d'une somme d'exigences et de structures dont je paie le prix et auxquelles j'entends satisfaire afin de faire de moi ce que les autres et moi-même exigent de moi, afin de faire de moi un « bon vacancier ». À cette fin, sciemment et délibérément, je m'assure les services de puissantes agences de voyage, dotées des capacités de transport appropriées, que je laisse faire de moi un vacancier détendu. Mais quel dispositif se dissimule derrière tout cela ? Un ami m'a mis sur une piste à cet égard. Lui-même se refuse à prendre des vacances depuis des années, au grand dam de sa petite amie. Ses raisons : « J'ai beaucoup apprécié ma vie de musicien, je n'ai pas besoin de distraction, je la crains plutôt. » En fait, nous, les autres, aimons partir en vacances sans doute pour nous « distraire » afin d'échapper pendant un certain temps à notre travail où nous sommes plus ou moins coupés de nos besoins. Alors, le dispositif des vacances que nous cherchons, s'agit-il d'une tentative de se libérer d'un état d'urgence ou d'une tentative d'y répondre ?

> [...] par dispositif, j'entends une sorte – disons – de formation qui, à un moment historique donné, a eu pour fonction majeure de répondre à une urgence. Le dispositif a donc une fonction stratégique dominante.[92]

En fait, corroborant ce que Foucault présume de tout cas de ce genre, le dispositif des vacances a été introduit pour répondre de façon stratégique à un état d'urgence sociale. Par exemple, dans une situation de surmenage absolu des travailleurs du fait de la journée de douze heures, le régime de l'Empire allemand observait avec inquiétude le nombre toujours croissant d'électeurs sociaux-démocrates et craignait un coup d'état communiste. Il a alors adopté le congé légal, une première dans l'histoire. Il a ainsi tenté de stabiliser le dispositif intégral de la société du travail en mettant en place le dispositif du « bon vacancier » et en prescrivant un « devoir de repos ». Aujourd'hui encore, l'article 8 de la Loi allemande sur le congé stipule que toute activité contraire à l'objectif de récupération doit être évitée.

Résultat : dans le prolongement de Foucault, on peut détecter dans le dispositif du « bon vacancier », fort de sa logique discursive de détente et de spontanéité, la réponse stratégique à l'urgence de l'aliénation dans la vie professionnelle. Ce dispositif est censé compenser stratégiquement la vie sans vie des heures de travail par une réanimation temporaire qui maintienne le dispositif englobant de la société du travail et de la méritocratie. La compulsion à prendre des vacances n'est donc pas une tromperie des sens, mais découle de la nécessité de lutter contre sa propre vie hors vie ; on peut alors se demander s'il ne serait pas plus sain de chercher des moyens de vivre une vie pleine tout au long de l'année.

Le concept de « dispositif » nous offre ainsi de nombreux outils nous permettant de déchiffrer les situations contraignantes vécues par le passé ou actuellement. Par exemple, jusque dans les années 80 du siècle dernier, beaucoup de mères contraignaient leurs enfants à avaler tous les jours une cuillerée d'huile de foie de morue. On peut peut-être se réconcilier avec ce souvenir déplaisant en se rendant compte, en suivant Foucault, que ces mères n'agissaient pas par malice ; elles se sentaient moralement obligées de se conformer au dispositif de la santé en vigueur à cette époque, selon lequel seuls les médicaments physiques tels que l'huile de foie de morue assurent le bon développement de l'enfant. C'était l'époque où l'on avait foi en la médecine, on vénérait encore les médecins comme des « dieux en blanc ». Mais une fois mis en place, un tel dispositif crée son propre milieu, comme le dispositif de « l'emprisonnement » que Foucault nous donne en exemple :

Prenons l'exemple de l'emprisonnement, ce dispositif qui a fait qu'à un certain moment donné les mesures de détention sont apparues comme l'instrument le plus efficace, le plus raisonnable que l'on puisse appliquer au phénomène de la criminalité. Ça a produit quoi ? Un effet qui

n'était absolument pas prévu à l'avance. [...] Cet effet, ça a été la constitution d'un milieu délinquant [...].⁹³

En séparant les délinquants des normaux, l'incarcération massive a créé de toute pièce deux milieux incompatibles. Les non-emprisonnés se perçoivent dès lors comme les bons parce qu'ils remplissent les normes. Tout comme le dispositif de l'incarcération, le dispositif de la santé – du moins dans les esprits – a créé deux milieux sociaux : celui des parents exemplaires confortés dans leur croyance dans les aliments complémentaires, et celui des parents ignorants, ce qui, dans le premier cas, a conduit à la consommation forcée de l'huile de poisson au goût nauséabond. La boîte à outils de Foucault peut nous permettre de démasquer des dispositifs de plus ou moins grande envergure ; elle ne les élimine pas, bien sûr, mais nous fait réfléchir à des alternatives :

> C'est de la philosophie que le mouvement par lequel [...] on se détache de ce qui est acquis pour vrai et qu'on cherche d'autres règles de jeu.[94]

Si nous sommes empêtrés dans les structures du discours, comment s'en dépêtrer ?

Foucault décrit et analyse de façon incisive les discours subtils et les mécanismes coercitifs qui exercent leur emprise sur nos rapports sociaux, nous dictent ce qui est sain ou malade, normal ou pervers, honnête ou criminel, et définissent l'individu qui est en droit de s'épanouir librement ou l'individu qui nécessite une resocialisation par le système carcéral et les institutions thérapeutiques. Mais la grande question demeure en dernière analyse : que veut-il nous faire entendre exactement en déployant son analyse du pouvoir et du discours ? Se préoccupe-t-il uniquement de décrire ces systèmes de coercition ou appelle-t-il de ses vœux une réforme de fond ? Si oui, de quoi sera-t-elle faite ? Sommes-nous en état d'abolir nos institutions et nos sciences qui, selon lui, ont conduit à l'exclusion, à la surveillance et à la coercition aux XVIIe et XVIIIe siècles, et d'y substituer de meilleures ?

Foucault ne nous offre aucune réponse à cette question. En fait, il doit s'interdire toute réponse sous peine de contredire sa thèse essentielle. Il souligne à maintes reprises que tout discours est en principe expression d'un pouvoir et de ses dispositifs sous-jacents. Il ne peut donc y avoir d'échappatoire réelle à la logique du discours dominant, puisque c'est elle, cette réalité discursive, qui nous engendre en tant que sujets dotés de convictions :

> Le discours, c'est l'ensemble des significations contraintes et contraignantes qui passent à travers les rapports sociaux.[95]

Chez Foucault, il n'y a donc pas de critique de l'idéologie, c'est-à-dire de critique visant en particulier des énoncés manipulés ou manipulateurs. En effet, il serait vain d'examiner les énoncés que les sujets individuels expriment dans leurs discours afin d'identifier leur teneur d'idéologie manipulatrice ou, inversement, leur véritable contenu scientifique, et de chercher à déterminer ce qui en définitive est peut-être authentique ou manipulé, vrai ou faux à leur sujet. Foucault affirme qu'on ne peut tracer précisément une telle ligne de démarcation entre la manipulation et la vérité scientifique, car la science elle-même se fait souvent tributaire de formations de savoir « fausses » :

> Or je crois que le problème, ce n'est pas de faire le partage entre ce qui, dans un discours, relève de la scientificité et de la vérité et puis ce qui relèverait d'autre chose, mais de voir historiquement comment se produisent des effets de vérité à l'intérieur de discours qui ne sont en eux-mêmes ni vrais ni faux.[96]

D'après Foucault, ce qui compte, ce sont donc les « effets de vérité » qui se répercutent dans les discours dominants dans une société, auxquels tous croient et adhèrent, peu importe qu'ils soient vrais ou faux. Quand, par exemple, le national-socialisme disserte sur la santé du peuple allemand, le sang impur et les luttes raciales, ce qui compte n'est pas tant ce qu'il peut y avoir d'erroné dans ces discours, mais ce qui a permis à cette formation fatidique de savoir et à cette réalité discursive omnipotente de se frayer un chemin dans les esprits. Et Foucault souligne que les nouvelles « disciplines » de la biologie et de la théorie de l'évolution, théories généralement vantées comme exemples de pensée éclairée, en insistant sur la mutation, la sélection et la lutte pour la survie, doivent certainement assumer une part de culpabilité dans ce contexte :

> Les « Lumières » qui ont découvert les libertés ont aussi inventé les disciplines.[97]

À d'innombrables reprises, Foucault nous montre comment ce que nous acceptons comme « vérité », qui a valeur de savoir incontesté dans les discours dominants, n'est que le produit historique de différentes époques ; les « disciplines » de la biologie, de la psychologie, de l'économie et d'autres sciences, y compris leurs institutions, fabriquent de toutes pièces ce qui est ensuite considéré comme vrai. Dans le national-socialisme, par exemple, il n'y avait pas seulement, comme on le prétend communément, un « Führer » qui se chargeait à lui seul de la production de la « vérité », mais également de nombreuses chaires d'études raciales qui, en tant que disciplines de pointe de la biologie, généraient de nouvelles connaissances « établies » sur l'évolution et la sélection des peuples. Le pouvoir de production de savoir n'était pas la prérogative d'un dictateur, mais découlait de toute une machinerie de professeurs et de médecins, d'institutions et de fonctionnaires :

> […] le pouvoir […] fonctionne comme une machinerie. […] [I]l produit des domaines d'objets et des rituels de vérité. L'individu et la connaissance qu'on peut en prendre relève de cette production.[98]

Aujourd'hui, en tant qu'individus porteurs de savoir, nous aussi, nous ne sommes rien d'autre que le résultat d'une certaine production de vérité et de rituels de vérité concomitants. Nous ne pouvons y échapper. Fruit de cette structure omniprésente, toute opinion, pour privée qu'elle soit, est traversée par le pouvoir-savoir dominant et ses dispositifs :

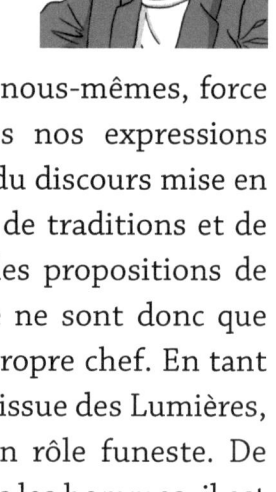

[…] mais on n'est dans le vrai qu'en obéissant aux règles d'une « police » discursive qu'on doit réactiver en chacun de ses discours.[99]

Si nous voulons être francs avec nous-mêmes, force nous est d'admettre que toutes nos expressions d'opinion obéissent à une police du discours mise en jeu par un réseau d'institutions, de traditions et de sciences. De l'avis de Foucault, les propositions de réforme d'inspiration humaniste ne sont donc que mirages et s'interdisent de leur propre chef. En tant que nouvelle formation de savoir issue des Lumières, l'humanisme lui-même a joué un rôle funeste. De pair avec l'idéal de l'égalité de tous les hommes, il est également à l'origine de régimes coercitifs tels que le communisme et le marxisme.

Mais à quoi nous sert l'analyse de Foucault si tout, en dernière instance, est pouvoir, si nous, êtres humains, sommes destinés à nous dissoudre en tant que sujets dans cette structure objective ? Un critique lui a ainsi reproché de secouer « les barreaux de la cage de fer », mais « sans élaborer aucun plan ou projet susceptible de transformer la cage en quelque chose qui ressemble à un chez-soi ».[100] En effet, Foucault ne propose aucune réforme sociale. Néanmoins, ses descriptions à elles seules représentent un apport d'importance. Il nous a fait voir que les vérités de tous les discours dominants et de leurs dispositifs sous-jacents ne sont pas données par nature, mais ont évolué au fil de l'histoire. Et cela signifie qu'elles sont susceptibles de se modifier à nouveau. Foucault affirme que, bien que prisonniers de ces dispositifs, nous sommes en mesure d'en connaître la genèse et, partant, de modifier nos cadres de pensée. Voilà la vraie tâche de la philosophie :

> C'est de la philosophie que le déplacement et la transformation des cadres de pensée [...] et tout le travail qui se fait pour penser autrement, pour faire autre chose, pour devenir autre que ce qu'on est.[101]

Nous sommes imbriqués, il est vrai, dans les structures mises en œuvre par la production de la vérité de notre époque, mais nous sommes à même de penser différemment et de devenir autre que ce que nous sommes. C'est ainsi que, en fin de parcours, sa philosophie prend une tournure fulgurante. Le Foucault « archéologue » avait d'abord entrepris d'exhumer les structures qui forgent nos vies et pénètrent jusqu'au cœur de notre existence. Or, dans sa période tardive, il nous invite à prendre conscience de ces structures inexorables, à les remettre en question dans une certaine mesure et à nous en libérer, au moins dans nos esprits. Cela lui a valu d'être souvent critiqué comme incohérent. Mais c'est précisément cette incohérence, cette ultime pirouette, qui prête à la philosophie de Foucault la tension intérieure qui l'a rendue célèbre. Au lieu d'adhérer obstinément au structuralisme, il nous encourage, en particulier dans son travail philosophique tardif, à reconnaître et à déplacer les limites de notre propre pensée.

L'héritage de Foucault : Faire de sa vie une œuvre d'art

C'est dans les deuxième et troisième parties de l'ouvrage articulé en plusieurs volumes *Histoire de la sexualité*, intitulées *L'usage des plaisirs* et *Le souci de soi*, que Foucault se départit de son approche purement structuraliste et glisse vers une philosophie émancipatrice. Les deux volumes ont été publiés presque simultanément en 1984. Foucault a effectué la dernière révision de ces textes à l'hôpital de la Salpêtrière, à Paris, où il est décédé quelques semaines plus tard à l'âge de 57 ans des suites de l'infection au VIH, alors incurable.

Ses derniers ouvrages révèlent l'aspect fondamentalement nouveau de sa période tardive : l'analyse en profondeur de l'éthique antique et de l'art de vivre en tant que « souci de soi ». Foucault n'examine plus seulement les développements historiques et les structures qui caractérisent notre moralité d'aujourd'hui, comme dans ses travaux précédents, mais rappelle à notre mémoire une forme de relation avec soi-même encore vivante dans l'Antiquité, mais révolue depuis longtemps. Il décrit la morale et les comportements éthiques des anciens Grecs et Romains, du IVe siècle avant JC aux Ier et IIe siècles de notre ère.

Prenant appui sur des textes latins et grecs de Platon, Épicure, Rufus d'Éphèse, Musonius, Sénèque, Plutarque, Epictète, Marc Aurèle et de bien d'autres, Foucault explore l'austérité des mœurs et le comportement moral dans le classicisme grec et l'Empire romain hellénique. Il aboutit à un constat étonnant. Selon sa lecture, tous les auteurs examinés appellent unanimement leurs contemporains à ne pas régler leur comportement éthique sur des lois et des interdictions, mais à pratiquer en premier lieu le « souci de soi » en toute responsabilité. Foucault se réfère, entre autres, au stoïcien Épictète :

> Le souci de soi, pour Épictète, est un privilège-devoir, un don-obligation qui nous assure la liberté en nous astreignant à nous prendre nous-même comme objet de notre application.[102]

Le philosophe Sénèque, rappelle Foucault, partage cet avis et met particulièrement l'accent sur la dimension pratique du mode de vie. Il faut user de sa liberté tout au long de sa vie afin de pouvoir « se faire soi-même » et « se transformer soi-même » :

> Sénèque [...] invite à transformer l'existence en une sorte d'exercice permanent.[103]

Comme Épictète et Sénèque, l'hédoniste Épicure a déjà placé « le souci de soi » au centre de sa philosophie. Bien sûr, Épicure adhère au principe du plaisir comme guide d'une vie réussie et recommande de rechercher le plaisir et d'éviter la douleur, mais il prescrit également un usage modéré des désirs dans le but d'élever l'âme à un niveau supérieur. Cela s'applique aussi et surtout aux jeunes :

> Il n'y a pas d'âge pour s'occuper de soi. « Il n'est jamais ni trop tôt, ni trop tard pour s'occuper de son âme », disait déjà Épicure [...].[104]

Foucault en arrive finalement à la conclusion suivante dans ses études :

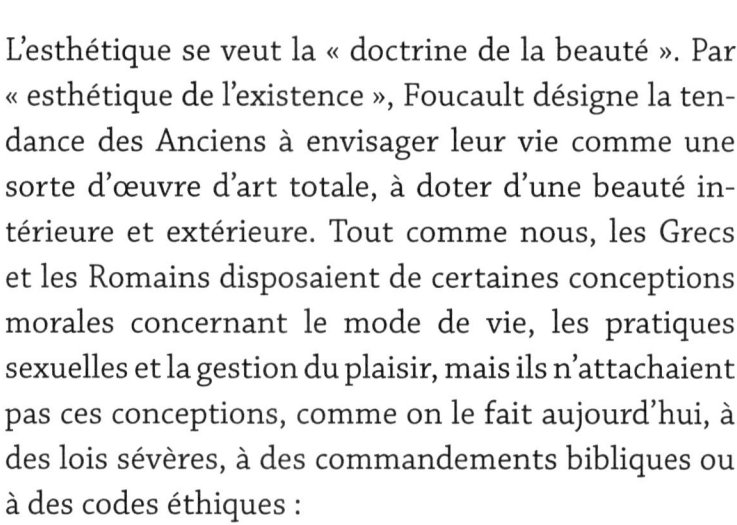

> [...] chacun doit se soucier de soi-même. La morale des Grecs est centrée sur un problème de choix personnel et d'une esthétique de l'existence.[105]

L'esthétique se veut la « doctrine de la beauté ». Par « esthétique de l'existence », Foucault désigne la tendance des Anciens à envisager leur vie comme une sorte d'œuvre d'art totale, à doter d'une beauté intérieure et extérieure. Tout comme nous, les Grecs et les Romains disposaient de certaines conceptions morales concernant le mode de vie, les pratiques sexuelles et la gestion du plaisir, mais ils n'attachaient pas ces conceptions, comme on le fait aujourd'hui, à des lois sévères, à des commandements bibliques ou à des codes éthiques :

> Le principe selon lequel on devait régler cette activité [...] n'était [pas] défini par une législation universelle, déterminant les actes permis et défendus ; mais plutôt par un savoir-faire, par un art [...].[106]

Au lieu de s'en remettre à des lois et des interdictions, les anciens Grecs s'appuyaient sur l'art de la modération. Ils pratiquaient « l'esthétique de l'existence » :

> Et par là, il faut entendre une façon de vivre dont la valeur morale ne tient [pas] à sa conformité à un code de comportement [...]. Par [...] le rapport au vrai qui la gouverne, une telle vie s'inscrit dans le maintien d'un [...] ordre ; elle reçoit d'autre part l'éclat d'une beauté manifeste aux yeux de ceux qui peuvent la contempler [...].[107]

Il s'agissait pour les Grecs de se donner les moyens d'un agir libre et autonome dans la vérité et la beauté de leur propre existence. En fait, dans la Grèce antique, l'usage des plaisirs était beaucoup moins réglementé qu'il ne l'est aujourd'hui. L'amour homosexuel chez les hommes et les femmes, et même l'amour pédophile des garçons, n'étaient assujettis à aucune restriction légale. Il incombait à chaque individu de se montrer raisonnable et modéré et de ne pas infliger de souffrance aux autres par sa volupté débridée. C'était vrai dans la vie des affaires, dans la politique, et dans la quête de l'épanouissement sexuel. Comme il était de la responsabilité de chaque individu de se maîtriser, des auteurs anciens tels qu'Épictète évoquent des exercices visant à renforcer cette capacité :

> Il y avait des exercices dont le but était d'acquérir la maîtrise de soi. Pour Épictète, vous deviez être capable de regarder une belle fille ou un beau garçon sans avoir de désir pour elle ou pour lui.[108]

À quoi nous sert la découverte de Foucault aujourd'hui ?

L'ascétisme était également important dans l'art de vivre des Anciens. Le mot grec « aiskesis » ne signifie pas seulement abstinence, mais surtout « exercice ». Parmi ces exercices, on comptait la conquête des vertus, l'affermissement du caractère, l'alimentation saine et l'exercice de l'esprit par la philosophie. Car seul l'individu à même de modérer l'usage de ses plaisirs et de ses besoins est maître de lui-même et en mesure donner forme à sa vie :

> [...] la volonté d'être un sujet moral, la recherche d'une éthique de l'existence étaient principalement, dans l'Antiquité, un effort pour affirmer sa liberté et pour donner à sa propre vie une certaine forme [...].[109]

La liberté de choisir son propre style de vie s'est ensuite dissoute dans le christianisme. Cette liberté, selon Foucault, a dû céder sa place à des commandements impérieux. Les individus n'avaient plus à distinguer eux-mêmes entre le bon et le mauvais, le beau et le laid, l'exemplaire et le répréhensible, mais s'en remettaient plutôt aux rituels et aux règles de l'Église :

> De l'Antiquité au christianisme, on passe d'une morale qui était essentiellement recherche d'une éthique personnelle à une morale comme obéissance à un système de règles.[110]

Jusqu'à ce jour, en ce qui concerne les questions morales, les individus défèrent au code religieux traditionnel :

> [...] vous n'avez pas le droit de faire l'amour avec quelqu'un d'autre que votre femme, voilà un élément du code moral.[111]

Ainsi, l'homosexualité est encore considérée comme une infraction pénale dans de nombreux pays du monde. Dans ce contexte, ce qui intéressait Foucault, qui lui-même était homosexuel, c'était moins telle ou telle contrainte restrictive, que la découverte de soi dont se préoccupaient les Anciens. Comme l'Antiquité ne connaissait pas, ou du moins beaucoup moins qu'aujourd'hui, de prescriptions morales, choisir son propre style de vie devenait la grande tâche de chacun :

> Cette élaboration de sa propre vie comme une œuvre d'art personnelle [...] était au centre, il me semble, de l'expérience morale, de la volonté morale dans l'Antiquité [...].[112]

Par exemple, le cynique Diogène affiche sa vie comme une œuvre d'art personnelle dans une mise en scène consciente – comme une manière radicale de vivre sa liberté. Dans un geste ostentatoire, il renonce à la sécurité, à la prospérité et à la famille. La majeure partie de la journée, raconte-t-on, il s'allonge dans un vieux tonneau de vin renversé qui lui sert de logis. Si l'on en croit les anecdotes transmises à son propos, il se tenait parfois sur une échelle appuyée sur le mur d'enceinte de la place du marché et racontait aux citoyens ce qu'il voyait de l'autre côté. Ses histoires étaient, bien sûr, inventées de toutes pièces, mais on les appréciait comme divertissement à tel point qu'on lui offrait de la nourriture et d'autres cadeaux. Diogène était un artiste de la vie. Pour se gausser de lui, les citoyens de Corinthe l'appelaient « le chien » parce que, comme le quadrupède, il dormait dans un tonneau et errait sur le marché. Mais Diogène prit goût à ce nom injurieux. Lorsque le roi macédonien Alexandre Ier lui rendit visite pendant une campagne et le salua avec les mots : « Je suis le grand monarque Alexandre », il répliqua : « Et moi, je suis Diogène le chien ». Plutarque raconte que Alexandre le Grand lui demanda d'exprimer un vœu. En tant qu'homme le plus puissant du monde, il réaliserait immédiatement ce souhait, à quoi Diogène aurait répondu : « Retire-toi de mon soleil ». Diogène professait ostensiblement son style de vie libre de tout besoin et repu de liberté.

Transformer sa vie en œuvre d'art ne signifie pas renoncer par principe à jouer un rôle important, à exercer le pouvoir et à assumer une responsabilité dans la société. Bien au contraire, l'empereur Marc Aurèle, soldat et stoïcien, a su donner à sa vie une beauté intérieure. Agissant de manière désintéressée en tant qu'empereur, il fit campagne pendant les dix dernières années de son règne, vivant en ascète dans une tente. On pourrait invoquer également de nombreuses autres biographies, comme celles du précepteur Sénèque ou de l'esclave Epictète, qui ont chacun développé leur propre « esthétique de l'existence » à travers leurs actions et leurs attitudes. Ce faisant, ils ont affiné et modelé leur vie comme un sculpteur sa statue ou sa sculpture :

L'individu s'accomplit comme sujet moral dans la plastique d'une conduite exactement mesurée, bien visible de tous et digne d'une longue mémoire.[113]

Cette façon particulière de prendre soin de soi ou *Le souci de soi*, titre du livre de Foucault, représente une attitude morale libre et en même temps responsable, qui s'est complètement perdue dans notre société au cours des siècles suivants :

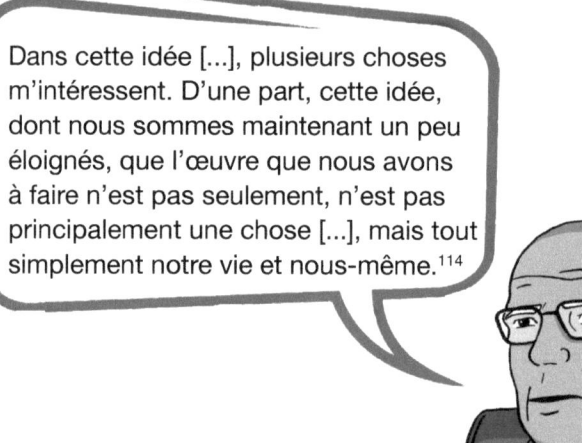

> Dans cette idée [...], plusieurs choses m'intéressent. D'une part, cette idée, dont nous sommes maintenant un peu éloignés, que l'œuvre que nous avons à faire n'est pas seulement, n'est pas principalement une chose [...], mais tout simplement notre vie et nous-même.[114]

Foucault n'a pas à cœur d'idéaliser les Grecs et les Romains en général. Bien sûr, il savait fort bien que le mode de vie libre et autonome n'était accordé qu'aux citoyens masculins à cette époque, et non aux femmes ou aux esclaves. En outre, l'art de vivre antique ne se laisse pas facilement transposer à notre monde d'aujourd'hui :

> Il ne s'agit pas de retourner à un état antérieur.[115]

Néanmoins, Foucault décrit le modèle antique de « l'esthétique de l'existence » sous toutes ses facettes pour nous faire prendre conscience d'une attitude qui s'est perdue à notre époque, voire même est tombée dans le discrédit : l'art de vivre. De nos jours, un « artiste de la vie » nous parait suspect. Intuitivement, un soupçon nous assaille : l'artiste de la vie donne libre cours avec volupté à sa créativité, mais c'est à nos dépens qu'il prend ses libertés. Sans doute ne se rend-il pas régulièrement à son travail ou même se refuse-t-il totalement au dispositif de la méritocratie et de ses règles :

> Nous sommes davantage enclins à considérer le souci de soi comme quelque chose d'immoral, comme un moyen d'échapper à toutes les règles possibles.[116]

Nos temps modernes regardent donc les artistes de la vie et l'art de vivre d'un mauvais œil, comme quelque chose de suspect et déplorable. De l'avis de Foucault au contraire, c'est précisément dans l'autonomie morale et esthétique que réside une formidable opportunité :

> L'idée du bios comme matériau d'une œuvre d'art esthétique est quelque chose qui me fascine. L'idée aussi que la morale peut être une très forte structure d'existence sans être liée à un système autoritaire ni juridique en soi, ni à une structure de discipline. [117]

Bien sûr, le plaidoyer de Foucault en faveur d'une « éthique de l'existence » a également fait l'objet d'une critique acerbe. Cela contredit, dit-on, sa propre approche structuraliste, il s'agit d'une rechute dans la philosophie du sujet.[118] Le sociologue et philosophe Habermas l'a même accusé de promouvoir une attitude égocentrique et apolitique à l'égard de la vie.

Or à maintes reprises dans ses analyses de texte, Foucault souligne que l'esthétique de l'existence antique présuppose toujours la reconnaissance de ses propres actions par les autres, ce qui lui confère donc une dimension politique. Dans ce contexte, les disciples de Foucault[119] évoquent l'exemple de l'écolière suédoise Greta Thunberg : chaque vendredi, elle faisait l'école buissonnière afin de pouvoir manifester en faveur de la protection du climat sur les marches du Parlement, elle a ainsi transformé sa vie en une sorte d'œuvre d'art. Lorsque, pour la Conférence mondiale sur le climat, elle s'est rendue en Amérique en voilier afin d'éviter les émissions de CO2, elle s'est stylisée au sens d'une « esthétique de l'existence », mais a lancé un message politique fort. L'art de vivre peut donc, disent-ils, être tout à fait politique.

Mais Foucault craint que, à quelques exceptions près, l'art de vivre ne soit de plus en plus banni du monde moderne. De nos jours, l'art n'est généralement célébré et toléré que dans un musée, comme dans un temple :

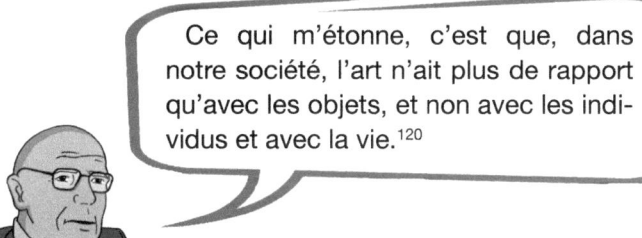

Ce qui m'étonne, c'est que, dans notre société, l'art n'ait plus de rapport qu'avec les objets, et non avec les individus et avec la vie.[120]

Dans les musées, nous levons les yeux avec admiration vers les peintures. Des experts nous expliquent l'esthétique particulière et la vie passionnante des grands artistes. Mais nous-mêmes, nous nous évanouissons sous la contrainte de normaliser notre existence dans la médiocrité. Or il peut en être tout autrement. Foucault nous fait prendre conscience du fait que nous sommes ligotés par des dispositifs et des structures de pouvoir dominants. Il nous invite à débusquer et à questionner les formations de savoir de la société disciplinaire. La contrainte à la normalité, ça existe, ça se dresse sous nos yeux tous les jours, mais peut-être est-il temps de faire sienne la vision de Foucault avec le panache qui s'impose :

Index des citations

1   Foucault, Michel, Surveiller et punir. Naissance de la prison, Paris, Gallimard, coll. Tel, 1975, p. 253, ci-après : Surveiller et punir.
2   Foucault, Michel, « Entretien avec Ducio Trombadori », Dits et écrits II, 1976-1988, Paris, Quarto Gallimard, 2001, p. 861, ci-après : Dits et écrits II.
3   ibid., pp. 860-86.
4   Foucault, Michel, Les mots et les choses. Une archéologie des sciences humaines, Paris, Gallimard, 1966, p. 398, ci-après : Les mots et les choses.
5   Foucault, Michel, « La Naissance d'un monde », Dits et écrits I, 1954-1975, Paris, Quarto Gallimard, 2001, p. 816, ci-après : Dits et écrits I.
6   Foucault, Michel, « Nietzche, la généalogie, l'histoire », Dits et écrits I, p. 1023.
7   Foucault, Michel, « Les Mots et les choses », (entretien avec R. Bellour), Dits et écrits I, p. 526.
8   Foucault, Michel, Histoire de la folie à l'âge classique, Paris, Gallimard, coll. Tel, 1972, p. 56, ci-après : Histoire de la folie.
9   ibid., p. 202.
10 Foucault, Michel, Surveiller et punir, p. 235.
11 ibid., p. 242.
12 ibid., p. 239.
13 Foucault, Michel, « Les mots et les choses » (entretien avec R. Bellour), Dits et écrits I, p. 526.
14 Foucault, Michel, « Entretien avec Michel Foucault », Dits et écrits II, p. 158.
15 ibid.
16 Foucault, Michel, Histoire de la sexualité I. La volonté de savoir, Paris, Gallimard, coll. Tel, 1976, p. 20, ci-après : La volonté de savoir.
17 L'ouvrage Histoire de la sexualité, originalement prévu en cinq volumes, ne comprenait initialement que trois volumes : La volonté de savoir, L'usage des plaisirs et Le souci de soi. Le cinquième volume n'a pas été écrit et le quatrième, intitulé Les aveux de la chair, n'a été publié qu'en

2018, trente-cinq ans après la mort de Foucault. La raison de ce délai tient au fait que Foucault avait strictement interdit les publications posthumes, interdiction à laquelle les héritiers ont d'abord adhéré. En fait, ce dernier texte n'a pas fait l'objet d'une révision en profondeur. Des titres ont été insérés après coup, le texte est très répétitif. Dans Les aveux de la chair, Foucault présente des sources d'auteurs chrétiens du IIe au IVe siècle qui s'expliquent sur la façon correcte de traiter la sexualité. Cependant, on regrette l'absence d'une réflexion philosophique et sociologique rigoureuse que l'on trouve dans ses autres œuvres. Si l'on veut en tirer une thèse principale, elle consiste dans l'assertion que, pour la première fois dans l'histoire, le christianisme a fait du traitement de la sexualité le cœur du sujet humain. Depuis l'avènement du christianisme, l'auto-examen du sujet a été placé au centre de l'attention en ce qui concerne la gestion ascétique de la libido voulue par Dieu, un processus dont les traces restent visibles même dans la modernité. Dans la littérature secondaire, cependant, les trois premiers volumes de l'Histoire de la sexualité, que Foucault a personnellement révisés, sont considérés comme plus significatifs.

18   Foucault, Michel, « Il faut défendre la société », Cours au collège de France. 1976, Paris, Gallimard. 1997, p.6.
19   Foucault, Michel, « Les mots et les choses », (entretien avec R. Bellour), Dits et écrits I, p. 526.
20   Foucault, Michel, « Lacan, le ‚'libérateur‚' de la psychanalyse », Dits et écrits, II, p. 1024.
21   Foucault, Michel, « Qu'est-ce qu'un auteur ? » (conférence), in Dits et écrits, I , p. 839.
22   Foucault, Michel, L'ordre du discours, Paris, Gallimard, 1970, p. 16, ci-après : « L'ordre du discours ».
23   Foucault, Michel, L'ordre du discours, p. 4.
24   Foucault, Michel, Autobiographie, übers. von Thomas Lemke, in: Deutsche Zeitschrift für Philosophie, Zweimonatsschrift der internationalen philosophischen Forschung, Band 42, Heft-Nr. 4, Akademie Verlag, Berlin 1994, p. 699 f. (traduit par le traducteur).
25   Foucault, Michel, « Le discours ne doit pas être pris pour... », Dits et écrits II, p. 123.
26   Foucault, Michel, Histoire de la sexualité II. L'usage des plaisirs, Paris, Gallimard, coll. Tel, 1984, p. 15, ci-après : L'usage des plaisirs.

27 ibid., p. 16.
28 Foucault, Michel, Histoire de la folie, p. 55.
29 ibid., p. 200.
30 Foucault, Michel, « La folie n'existe que dans une société » (entretien avec le Monde), in Dits et écrits 1, p. 197.
31 Foucault, Michel, L'histoire de la folie, p. 200.
32 ibid., pp. 30-31.
33 ibid., p. 33.
34 Foucault, Michel « La folie et la société », Dits et écrits I, pp.1001-1002.
35 Foucault, Michel, L'histoire de la folie, p.16.
36 ibid., p. 87.
37 ibid., p. 408.
38 ibid., pp. 87-88.
39 ibid., p. 530
40 Foucault, Michel, Surveiller et punir, pp. 9 et suiv.
41 Foucault, Michel, « La vérité et les formes juridiques », Dits et écrits I, p.1462.
42 Foucault, Michel, Surveiller et punir, p. 235.
43 ibid., p. 236.
44 ibid., p. 356.
45 ibid., p. 133.
46 ibid., p. 172.
47 ibid.
48 ibid., pp. 172-73.
49 ibid., p. 236.
50 ibid., p. 253.
51 Foucault, Michel, La volonté de savoir, pp. 122-123.
52 ibid., pp. 122-123.
53 Foucault-Handbuch, Leben – Werk – Wirkung, (« Guide Foucault, biographie – œuvre – influence ») hrsg. von Clemens Kammler, Rolf Parr und Ulrich Johannes Schneider, Metzler Verlag, Stuttgart 2014, p. 238.
54 Foucault, Michel, « Le jeu de Michel Foucault », Dits et écrits II, p. 299 f.
55 ibid., p. 299.
56 Goffman, Erving, Stigma, Über Techniken zur Bewältigung beschädigter Identität (« Stigmate. Techniques pour faire face à l'identité lésée »), Suhrkamp Verlag, Frankfurt am Main 1975, p. 158.

57 Foucault, Michel, « Le jeu de Michel Foucault », Dits et écrits II, p. 299 f.
58 L'ouvrage qui devait comprendre cinq volumes est intitulé Histoire de la sexualité, titre qui traduit l'intention de Foucault de décrire la gestion de la sexualité à travers les siècles jusqu'à nos jours.
59 Foucault, Michel, La Volonté de savoir, p. 77.
60 ibid., p. 14.
61 ibid., p. 78 f.
62 ibid., p. 79.
63 ibid., p. 80.
64 ibid.
65 Foucault, Michel, « Entretien avec Michel Foucault », Dits et écrits II, pp. 143-144.
66 Foucault, Michel, « Entretien avec Madeleine Chapsal », Dits et écrits I, p. 542.
67 Wittgenstein, Ludwig, Tractatus Logico-philosophicus, Werksausgabe in 8 Bänden, Band 1, p. 67.
68 Claude Lévi-Strauss, Mythos und Bedeutung (« Mythe et signification »), Suhrkamp Verlag, Frankfurt am Main 1980, p. 15 f. (traduit par le traducteur).
69 Foucault, Michel, « Entretien avec Madeleine Chapsal », Dits et écrits I, p. 542.
70 Foucault, Michel, Les mots et les choses, p. 179.
71 ibid., p. 37.
72 ibid., p. 136.
73 ibid., pp. 222-223.
74 ibid., p. 398.
75 Foucault, Michel, « La naissance d'un monde », Dits et écrits I, p. 816.
76 Foucault, Michel, « Foucault répond à Sartre », Dits et écrits I, pp. 691-692.
77 Foucault, Michel, « Entretien avec Madeleine Chapsal », Dits et écrits I, p. 542.
78 Foucault, Michel, « Foucault répond à Sartre », Dits et écrits I, p. 692.
79 Foucault, Michel, Les mots et les choses, p. 397.
80 ibid., p. 398.
81 Foucault, Michel, Surveiller et punir, pp. 97-98.
82 ibid., p. 234.

83   ibid., p. 253.
84   ibid., p. 236.
85   Cf. Axel Dorloff, Daniel Satra, Auf dem Weg zur totalen Überwachung, (« Sur la voie de la surveillance totale ») Bericht aus dem ARD-Studio Peking, vom 24.03.2019, ausgestrahlt im Deutschlandfunk am 17. April 2018, 12:40.
86   Foucault, Michel, Surveiller et punir, p. 215.
87   Gates, Bill, Der Weg nach vorn (« Voie à suivre »), Hoffman und Campe Verlag, Hamburg 1995, p. 384 f.
88   ibid., p. 388.
89   Foucault, Michel, Surveiller et punir, p. 204.
90   Foucault, Michel, « Des supplices aux cellules », Dits et écrits I, p. 1588.
91   Foucault, Michel, « Le jeu de Michel Foucault », Dits et écrits II, p. 299.
92   ibid.
93   ibid., pp. 299-300.
94   Foucault, Michel, « Le philosophe masqué », Dits et écrits II p. 929.
95   Foucault, Michel, « Le discours ne doit pas être pris pour… », Dits et écrits II, p. 123.
96   Foucault, Michel, « Entretien avec Michel Foucault », Dits et écrits II, p. 148.
97   Foucault, Michel, Surveiller et punir, p. 258.
98   ibid., p. 208, 227.
99   Foucault, Michel, L'ordre du discours, p. 16.
100 Walzer, Michael, Die einsame Politik des Michel Foucault, (« La politique solitaire de Michel Foucault »), Walzer, Michael, Zweifel und Einmischung, Frankfurt am Main 1991, p. 286.
101 Foucault, Michel, « Le philosophe masqué », Dits et écrits II, p. 929.
102 Foucault, Michel, Histoire de la sexualité III. Le souci de soi, Paris, 1984, coll. Tel, p. 66, ci-après : Le souci de soi.
103 ibid., p. 68.
104 ibid., pp. 67-68.
105 Foucault, Michel, « À propos de la généalogie de l'éthique », Dits et écrits IV, Paris, Gallimard, 1994, p. 390.
106 Foucault, Michel, Histoire de la sexualité II. L'usage des plaisirs, Paris, Gallimard, coll. Tel, 1984, p. 123, ci-après : L'usage des plaisirs.
107 ibid., p. 120.
108 Foucault, Michel, « À propos de la généalogie de l'éthique », Dits et écrits II, p. 1435.
109 Foucault, Michel, « Une esthétique de l'existence », Dits et écrits II,

p. 1550.
110 ibid., pp. 1550-51.
111 Foucault, Michel, « À propos d'une généalogie de l'éthique », Dits et écrits II p. 1437.
112 Foucault, Michel, « Une esthétique de l'existence », Dits et écrits II, p. 1550.
113 Foucault, Michel, L'usage des plaisirs, p. 123.
114 Foucault, Michel, « À propos d'une généalogie de l'éthique », Dits et écrits II, p. 1434.
115 Foucault, Michel, « À propos d'une généalogie de l'éthique », Dits et écrits II, p. 1433.
116 Foucault, Michel, « Les techniques de soi », Dits et écrits II, p. 1607.
117 Foucault, Michel, « À propos d'une généalogie de l'éthique », Dits et écrits IV, Paris, Gallimard, 1994, p. 390.
118 Dans son ouvrage de référence, « Geschichte des politischen Denkens » (Histoire de la pensée politique »), Henning Ottmann a intitulé le chapitre dédié à Foucault comme suit : « Michel Foucault ou mort et résurrection du sujet ». Avec ce titre caustique, Ottmann fait allusion à la surprenante volte-face de Foucault du structuralisme à la philosophie du sujet. Ottmann résume ainsi : « Foucault a enterré l'homme dans Les mots et les choses (1966). Il disparaîtra, dit-il, 'comme un visage dans le sable sur la rive de la mer". Or, dans ses ouvrages tardifs, qui examinent les anciennes traditions du souci de soi, le sujet revient à la vie ». Henning Ottmann. Geschichte des politischen Denkens, Band 4, Das 20. Jahrhundert, Metzler Verlag, Stuttgart 2012, p. 259.
Habermas est encore plus radical. « L'extinction historique du sujet par Foucault (...) se termine par un subjectivisme sans espoir ». Jürgen Habermas, Der Diskurs der Moderne (« Discours de la modernité »), Suhrkamp Verlag, Frankfurt am Main 1985, p. 324.
119 Cf. Wilhelm Schmid, Die Lebenskunst ist politisch (« L'art de la vie est politique »), Gespräch mit Willhelm Schmid, Philosophie Magazin, Sonderausgabe Michel Foucault, Philomagazin Verlag, Berlin 2019, p. 90.
120 Foucault, Michel, « À propos de la généalogie de l'éthique », Dits et écrits II, p. 1436.
121 ibid.

Déjà paru dans la même série:

Walther Ziegler
Adorno en 60 minutes

Walther Ziegler
Arendt en 60 minutes

Walther Ziegler
Buddha en 60 minutes

Walther Ziegler
Camus en 60 minutes

Walther Ziegler
Confucius en 60 minutes

Walther Ziegler
Descartes en 60 minutes

Walther Ziegler
Epicure en 60 minutes

Walther Ziegler
Foucault en 60 minutes

Walther Ziegler
Freud en 60 minutes

Walther Ziegler
Habermas en 60 minutes

Walther Ziegler
Hegel en 60 minutes

Walther Ziegler
Heidegger en 60 minutes

Walther Ziegler
Hobbes en 60 minutes

Walther Ziegler
Kafka en 60 minutes

Walther Ziegler
Kant en 60 minutes

Walther Ziegler
Marx en 60 minutes

Walther Ziegler
Nietzsche en 60 minutes

Walther Ziegler
Platon en 60 minutes

Walther Ziegler
Popper en 60 minutes

Walther Ziegler
Rawls en 60 minutes

Walther Ziegler
Rousseau en 60 minutes

Walther Ziegler
Sartre en 60 minutes

Walther Ziegler
Schopenhauer en 60 minutes

Walther Ziegler
Smith en 60 minutes

Walther Ziegler
Wittgenstein en 60 minutes

AUTEUR:

Walther Ziegler est professeur d'université et docteur en philosophie. En tant que correspondant à l'étranger, reporter et directeur de l'information de la chaîne de télévision allemande ProSieben, il a produit des films sur tous les continents. Ses reportages ont été récompensés par plusieurs prix. En 2007, il a pris la direction de la « Medienakademie » à Munich, une Université des Sciences Appliquées et y forme depuis des cinéastes et des journalistes. Il est l'auteur de nombreux ouvrages philosophiques, qui ont été publiés en plusieurs langues dans le monde entier. En sa qualité de journaliste de longue date, il parvient à résumer la pensée complexe des grands philosophes de manière passionnante et accessible à tous.